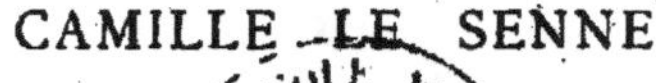

CAMILLE LE SENNE

FIGURES DISPARUES

Gilles Ménage et le Tricentenaire de Vadius.
Les cinquante Chants Français de Rouget de Lisle.
Une aïeule de la " Dame aux Camélias " : Lauretta Pisana et Marguerite Gautier.
Un Philinte du XVIIIᵉ siècle : " Le Misanthrope corrigé " de Marmontel.

PRIX : **3 francs**

PARIS

P. ROSIER, ÉDITEUR

26, RUE DE RICHELIEU, 26

1913

à monsieur Victor Dauriac

hommage cordial

Camille de S...

EXTRAITS du *Bulletin de la Société de l'Histoire du Théâtre*

(1912-1913)

FIGURES DISPARUES

DU MÊME AUTEUR

ROMANS : *En commandite, Louise Mengal, le Vertige, la Dame du lac, Delburq et Cⁱᵉ, la Fin d'une race, les Idées du docteur Simpron, l'Inconnue, Lady Caroline, Madame Ferraris, Madame Frusquin, Mademoiselle de Bagnols, le Mariage de Rosette, les Mémoires de Cendrillon* (ouvrage couronné par l'Académie Française), *Monsieur Candaule, Prégalus, le Testament de Lucy, Train rapide.*

(Bibliothèque Calmann-Lévy).

Vera Nicole.

(Bibliothèque Charpentier).

Cher Maître, Chaîne mystique.

(Bibliothèque Le Soudier).

VARIÉTÉS : *Lope de Vega* (ouvrage couronné par l'Académie Française), avec Guillot de Saix (bibliothèque Sansot), *le Théâtre à Paris* (bibliothèque Le Soudier), *les portraits de Kel-Kun, les Femmes et la fin du monde* (bibliothèque Calmann-Lévy), *la Musique Allemande, la Musique Française, la Musique Anglaise* (Encyclopédie de la Musique, bibliothèque Delagrave).

THÉATRE : *Le Bâillon* (3 actes), *Lendemain de première* (1 acte) avec Adolphe Mayer (Théâtre Antoine) ; *l'Étoile de Séville*, 3 actes en vers (Odéon) ; *Bianca Capello*, 5 actes en vers ; *la Belle Impéria*, 1 acte (Théâtre Sarah-Bernhardt) ; *l'Illustre Gaudissart*, 1 acte (Théâtre Marigny), d'après Balzac ; *le Diamant* (salle Gaveau) ; *l'Aimable vainqueur* (Théâtre Michel) ; *le Jeu de Pathelin* (Arènes de Lutèce) ; *le meilleur Alcade est le roi* (Théâtre des Arts) ; *Justice de Roy* (Théâtre de la Nature), avec Guillot de Saix.

CAMILLE LE SENNE

FIGURES DISPARUES

Gilles Ménage et le Tricentenaire de Vadius.
Les cinquante Chants-Français de Rouget de Lisle.
Une aïeule de la " Dame aux Camélias " : Lauretta Pisana et Marguerite Gautier.
Un Philinte du XVIIIe siècle : " Le Misanthrope corrigé " de Marmontel.

PARIS

P. ROSIER, ÉDITEUR

26, RUE DE RICHELIEU, 26

1913

I

GILLES MÉNAGE

et le Tricentenaire de Vadius.

GILLES MÉNAGE

et le Tricentenaire de Vadius

A mode est aux centenaires, aux bicentenaires, aux tricentenaires. On en célèbre dans tous les carrefours. Pour me mettre au goût du jour, j'ai découvert le tricentenaire de Ménage. Le 15 août 1613 naissait, à Angers, Gilles Ménage, fils de Guillaume Ménage, écuyer, sieur de la Morinière et petit-fils de Guillaume Ayrault, un magistrat suivant l'esprit du XVIᵉ siècle, car, au dire des contemporains, il aurait mieux aimé faire pendre dix innocents que laisser échapper un coupable.

Ce Gilles Ménage devait être un grand érudit, un grand philologue, enfin, et c'est le point qui intéresse l'histoire du théâtre, une des grandes victimes de Molière. Car Gilles Ménage — *Œgidius Menagius* comme le porte son épitaphe — c'est le Vadius des *Femmes savantes*, Vadius le grimaud, Vadius le cuistre, que Trissotin attrape, révérence parler, comme du poisson pourri.

On le sait, en effet, et je ne le rappelle que pour avoir une entrée en matière, la scène des deux pédants est à la fois un chef-d'œuvre comique et une vengeance personnelle. Molière en brocardant Cotin-Trissotin et Ménage-Vadius punissait un double crime de lèse-majesté. Ces familiers de l'hôtel de Rambouillet avaient brouillé Molière et Julie : « Molière, nous disent les

Ana, eut grand accès à l'hôtel de Rambouillet, mais lui ayant été dit quelques railleries piquantes de la part de Cotin et de Ménage, il n'y mit plus le pied ». Privation réelle et surtout gêne professionnelle, car Molière allait dans le monde pour observer (Boileau l'appelait : le contemplateur). Les deux compères auraient aussi tenté de le desservir auprès du duc de Montausier à propos du *Misanthrope.* Mais ce fut Cotin qui commit le crime inexpiable : l'irrespect. L'abbé était de naturel très combatif, un Louis Veuillot sans génie ; il détestait les gens de théâtre et il avait inséré dans son chef-d'œuvre *la Satire des Satires* cette impertinence à l'adresse du despotisme littéraire de Molière et de son groupe :

> Sachant l'art de placer chaque chose en son lieu,
> Je ne puis d'un farceur me faire un demi-dieu.

Avec quelle irrévérence parlait des dieux ce maraud ! Avec quelle imprudence aussi, car il ne s'attaquait pas à une divinité commode... Farceur, c'est-à-dire débitant de farces, Molière l'avait été autant et plus qu'homme de France pendant ses douze années de roman comique à travers la province ; mais il n'aimait pas qu'on l'en fît ressouvenir. L'occasion de châtier l'insolent lui fut bientôt offerte par une anecdote qui courait les ruelles. Ménage et Cotin s'étaient brouillés chez Mlle de Montpensier, au Luxembourg, à l'occasion du fameux sonnet sur la fièvre de la princesse Uranie. Mademoiselle ayant lu le morceau devant Cotin sans nommer l'auteur — quelle imprudence ! — Ménage le déclara « misérable » et les deux rimeurs échangèrent des injures. C'est la scène du troisième acte des *Femmes savantes.* Vous vous rappelez que Molière n'a pas ménagé Cotin, représenté sous l'aspect d'un intrigant et d'un coureur de dot. Quant à Ménage, il n'écope qu'indirectement mais il écope ferme. On le traite de grimaud, de barbouilleur de papier :

> Allez, fripier d'écrits, impudent plagiaire.

Ce sont avec moins de lyrisme les termes dont Cotin lui-même s'était servi à l'égard de son ancien ami, à la suite d'une autre dispute (on se disputait énormément entre gens de lettres au XVIIe siècle). Dans la *Ménagerie,* un factum au titre fort clair, il l'avait appelé : « l'édant superlatif et plagiaire magnifique ».

Molière était-il autorisé à reprendre ces injures et surtout à nous montrer dans le salon de Philaminte ce gauche Vadius en qui Sarcey voit « l'âne de la fable qui veut imiter le petit chien... » ? En réalité, Ménage n'avait rien de ce cuistre balourd. Ce fut au contraire un des galants les plus répandus d'un milieu où la galanterie espagnole restait à la mode. Tallemant, témoin peu suspect, déclare qu'il était « beau garçon ». Un autre portraitiste nous le montre « le regard net et libre, l'air dégagé du petit maître, passionné pour la paume et les jeux d'adresse, vain autant qu'il fallait de sa jolie taille et de ses beaux yeux qu'il vante en ses vers ».

C'était un homme soigneux, soigné et qui paraît avoir été très ennuyé que tant de confrères fussent mal tenus. Vous en trouverez la preuve dans cette anecdote caractéristique rapportée d'après lui dans les *Menagiana* : « M. des Vallées, savant dans la langue hébraïque, était un petit homme, pauvre et qui n'avait d'autre bien que ce qu'il retirait de ceux à qui il montrait l'Hébreu. Ce qu'il y avait de désagréable en lui, c'est qu'il était toujours vêtu malproprement et avec des habits tout déchirés. On parla de lui à Mme la princesse de Guéméné, qui le retint pour lui montrer cette langue. Elle le faisait donc venir chez elle tous les matins. M. le prince de Guéméné qui ne le connaissait pas, voyant entrer dans la chambre de sa femme un homme avec un haut-de-chausses tout déchiré, demanda à Mme de Guéméné ce qu'il y venait faire : « Il me montre l'hébreu, lui dit-elle. — Madame, reprit M. de Guéméné, prenez garde, il ne tardera pas à vous montrer le derrière ».

Assurément, Ménage ne montra rien de pareil à la grande élève et amie de Mme de Sévigné : nous l'aurions su par la belle marquise. Elle en a raconté bien d'autres ! Mais ayant été son professeur quand elle était encore Mlle de Rabutin-Chantal, il lui apprit si à fond le latin, l'espagnol, l'italien qu'il en fit une des femmes les plus instruites de son époque. Elle s'en montra d'ailleurs fort reconnaissante. Si Henriette, dans les *Femmes savantes*, ne veut pas embrasser Vadius pour l'amour du grec, Mme de Sévigné embrassa publiquement Ménage pour l'amour du latin et donna cette explication biblique aux assistants un peu scandalisés : « On baisait comme cela dans la primitive église ».

Ménage eut d'autres élèves depuis Mme de Lafayette et Mme Scarron jusqu'à Mme de Lesdiguières. C'était un habitué de l'hôtel de Rambouillet, on l'a vu d'après l'incident Molière, et il fréquentait les sociétés du même genre fondées par la grande Mademoiselle, par la duchesse de Longueville, par Mlle de Scudéry. Il sortait beaucoup et cependant durant quarante années, l'ancien avocat devenu abbé sans la moindre vocation et uniquement pour s'assurer des prébendes, ne quitta pas son discret appartement du Cloître Notre-Dame : entendez par là que pendant ce presque demi-siècle il y tint des parlottes qu'on baptisa les *Mercuriales*. Balzac, Chapelain, Saumaise, Sarasin, Conrart, Furetière, Pellisson y faisaient un véritable journal parlé : nouvelles à la main, bons mots, anecdotes plus ou moins risquées — et plutôt plus que moins. — C'était des réunions si réputées qu'on y menait les étrangers de marque pour leur montrer, disait-on « une des plus honorables compagnies qui fut ».

Y faisait-on un travail de cuistrerie ? Nous savons le contraire. Sans doute tous ces lecteurs forcenés dont la mémoire avait emmagasiné une véritable bibliothèque perdaient beaucoup de temps à regratter des palimpsestes ; mais ils avaient aussi de grands débats, tels que la querelle des anciens et des modernes. Enfin et surtout, ils traitaient la question vitale : l'armature réclamée par la langue française encore inconsistante et mal équilibrée, et là Ménage a rendu de réels services. Il a même été le grand réformateur tant au point de vue de la propriété des mots que de leur prononciation.

On ne se doute pas de la façon dont les gens de Cour estropiaient la langue au XVIIe siècle. Les pipelettes de Balzac, d'Eugène Sue, d'Henri Monnier, qui disent collidor, escarolle, estatue, eurent d'illustres aïeules dans l'entourage de Louis XIV et nos procès-verbaux de pandores rustiques sont rédigés en style de marquis de l'œil-de-bœuf. Belles dames et nobles seigneurs disaient couramment : ucaristie, castonnade, arondelle, arboriste, eumologuer, congestion poumonique. Je prends au hasard. D'autre part ces jargonniers, ces patoisants avaient d'étranges scrupules. Par exemple, ils condamnaient le mot poitrine comme ignoble. Ménage dut le réhabiliter : « Ce mot est fort beau et fort noble, écrit-il, et ceux qui font difficulté de s'en servir parce qu'on dit une poitrine de mouton, une poitrine de veau, sont ridicules ». Et comme Ménage faisait autorité, « poitrine » retrouva ses titres de noblesse.

Ménage sauva aussi de vieux mots qui sont très beaux et qu'il tira de la fosse commune où Boileau aurait voulu les replonger : décrépitude, neuvaine, vergogne, vitupérer, vétusté qu'il admirait fort et que lui empruntèrent les romantiques. Il fut plus embarrassé à propos d'un terme employé pour la première fois par Joachim du Bellay et qui avait valu au poète d'être sévèrement réprimandé par les grammairiens du temps : le mot de Patrie. Ménage y voyait une expression inutile : « Nous avons pays, disait-il. Nous n'avons que faire de patrie ! » Il se trompait ou plutôt il ne sentait pas la nuance et elle n'était guère appréciable au XVIIe siècle. On la saisit mieux aujourd'hui en Pologne ou en Alsace, chez les peuples qui habitent encore un pays mais qui n'ont plus de patrie.

Ménage eut le courage de dresser contre Vaugelas ce qu'on pourrait encore appeler l'étendard du droit au néologisme. « Il nous est permis,

s'écriait-il, non seulement d'exprimer des choses nouvelles mais de donner
des noms aux choses qui en ont quand nous leur en donnons de plus beaux
et de plus significatifs que ceux qu'elles ont. » Aussi nous a-t-il apporté
ambitionner, fatuité, inclémence, prosateur, ridiculiser. Il défendit énergi-
quement les diminutifs honnis par le père Bonhours et qui sont pourtant
comme une auréole de légers feuillage autour du bouquet de la langue
française. Si nous disons encore Janot, Jeanneton, Louison, Marion, Ninon,
Pierrot, si nous avons encore des aiglons, des chevreaux et des pigeonneaux,
des poulettes, des arbrisseaux, des bestioles, des brunettes, des fillettes et
des femmelettes, des folichons et des grisons, des jouvenceaux et des pastou-
relles, c'est à Vadius que nous le devons. Il les a si bien défendus qu'ils
ont gardé droit de cité.

D'ailleurs il avait aussi ses petites manies ; le grammairien écarté de
l'académie témoignait par intermittence un sens ultra-académique de la
noblesse des termes. « Incontinant, déclare-t-il, est un adverbe très désagréable. » De même le mot jument lui déplait. Il aime mieux cavale !
Comme mouchoir se disait alors du simple fichu et mouchoir à moucher du
mouchoir de poche, il rendit cette sentence qui fut obéie : « On doit dire
simplement mouchoir et non pas mouchoir à moucher qui est une vilaine
image. » Il n'a pas été moins écouté en ce qui concerne le remède cher à
M. Furgon. « Il faut, déclarait-il, dire un lavement, comme on dit à Paris et
non pas un clystère comme on dit dans les provinces. » Et en effet clystère
est devenu fantaisiste. C'est lavement qui a possession d'état, si j'ose
m'exprimer ainsi.

J'en ai dit assez pour faire connaitre le véritable Vadius. Son œuvre fut
considérable, mais il ne faut pas exagérer les injustices de Molière, et
même nous devons ériger en dogme qu'il n'a jamais pu se tromper com-
plètement — aussi je me hâte d'ajouter que cet amas de matériaux se réduit
à peu de chose au point de vue littéraire. L'invention fait défaut. C'est un
travail de seconde main. Cette mauvaise teigne d'abbé Cotin, satirique
avisé, l'explique en fort bons termes dans l'épigramme la plus réussie de la
Ménagerie :

> Ménage sçait les mots et ne sçait pas les choses.
> Il sçait cueillir les fleurs écloses,
> Dans tous les parterres d'autruy
> Et ne sçait rien faire de luy ;
> Pour vous dire ce que j'en pense,
> Et dire le mal et le bien,
> Sans envie et sans médisance ;
> Il sçait beaucoup et ne sçait rien.

Cependant Ménage a su quelque chose dont nous devons lui témoigner un gré infini. Il a su être le parfait éducateur de la plus illustre femme de lettres de son temps ; nous retrouvons, comme un alliage résistant, son érudition élégante et raffinée dans ce délicieux génie. Et à ce propos, voici la charmante anecdote que lui font raconter les *Menagiana* : « Je tenais, dit-il, une des mains de Mad. de Sévigné avec les deux miennes. Lorsqu'elle l'eut retirée, M. Pelletier me dit : « Monsieur voilà le plus bel ouvrage qui soit sorti de vos mains. »

C'était une bien jolie rosserie de confrère. Apparemment Ménage n'avait pas voulu la comprendre, puisqu'il rapporte le trait sans y rien changer. Il a bien fait, car nous y trouvons son meilleur éloge en lui donnant un peu plus de portée. Le grand ouvrage sorti des mains de Gilles Ménage c'est l'éducation de Mad. de Sévigné et voilà, pensera-t-on peut-être, de quoi réhabiliter discrètement ce pauvre Vadius, sinon de quoi lui mériter un retentissant tricentenaire.

II

LES CINQUANTE CHANTS FRANÇAIS

de Rouget de Lisle.

LES CINQUANTE CHANTS FRANÇAIS

DE ROUGET DE LISLE

En feuilletant d'anciennes partitions, poussiéreuses et « désuètes » comme on dit en jargon d'écriture artiste, j'ai mis la main sur un recueil de deux cent neuf pages gravées qui porte ce titre :

CINQUANTE

CHANTS FRANÇAIS

PAROLES

DE DIFFÉRENTS AUTEURS

MISES EN MUSIQUE AVEC ACCOMPAGNEMENT DE PIANO

PAR

ROUGET DE LISLE

La page de garde porte cette mention :

A PARIS

Chez l'Auteur, Passage Saunier, n° 21
et aux adresses ordinaires.

Prix : 50 fr.

Comme frontispice, une lithographie représentant un guerrier mourant, assis au pied d'un chêne, les yeux au ciel, une main sur son cœur. Un page le soutient ; deux compagnons d'armes, l'un à pied, l'autre monté sur le « fidèle destrier » de toutes les vignettes de romance-troubadour, s'apitoient sur son sort. A terre gisent un cimeterre brisé et un casque enturbanné. Comme toile de fond, un décor de montagne avec schéma d'une cascade torrentielle. Légende : « Je meurs pour la patrie. Roland, chant 1 ».

Aucune date de publication. Nous savons cependant, ou plutôt nous conjecturons d'après la correspondance de Rouget de Lisle qu'il a édité ce recueil — à ses frais — en 1825, après avoir mis à contribution les derniers amis qu'il eût gardés dans sa détresse, très réelle.

L'opération commerciale fut peu fructueuse quoiqu'une deuxième édition, amputée de deux chants, ait été publiée cinq ans plus tard chez Schlesinger. Sans doute les ressources de Rouget de Lisle ne lui avaient-elles permis de faire qu'un tirage limité. En effet, l'exemplaire que le hasard m'a fait retrouver est rarissime. Les musiciens que j'ai interrogés ne connaissent que celui qui se trouve à la bibliothèque du Conservatoire (en compagnie de l'édition de 1830). M. Julien Tiersot y fait allusion dans sa belle étude sur *Rouget de Lisle, sa vie et son œuvre;* il le signale comme « le document le plus complet que nous possédions » pour apprécier l'ensemble du répertoire de l'auteur de la *Marseillaise*, et il s'y reporte dans plusieurs chapitres, mais d'une façon sommaire. Le détail offre cependant tout au moins un intérêt de curiosité.

Nous nous figurons Rouget de Lisle sous les espèces et apparences simplistes d'un « barde héroïque » toujours perché dans les régions du sublime. C'est une légende. Assurément l'auteur de « l'Hymne aux Marseillais » eût mieux fait de n'être que génial comme il l'a été un jour, au début de sa carrière. Pendant tout le reste de sa vie, il s'est efforcé d'avoir du talent sans y réussir aussi souvent qu'il l'eût mérité ; au cours d'une trépidante mais stérile activité qui remplit un demi-siècle, il battit tous les sentiers poétiques pour rajeunir son inspiration. D'ailleurs, à la fois poète et musicien, voire auteur de nouvelles en prose, il avait, comme on disait alors « des lumières de tout »... lumières incertaines et vacillantes quand elles n'étaient pas la flamme du patriotisme, mais recherche intéressante. On en trouve le fidèle résumé dans ce recueil des « cinquante chants français » où Rouget de Lisle a voulu en somme préparer pour la postérité, hélas ! bien distraite, sinon ces œuvres complètes, du moins une anthologie de son œuvre. Je l'analyserai rapidement, laissant au lecteur le soin de commenter mes indications et mes citations.

Roland.

Je meurs pour la Patrie!

L'album s'ouvre par « *Roland à Roncevaux*, chant national (R. de L.), Strasbourg, mai 1792 ». Les paroles et la musique sont de Rouget de Lisle (quelques vers empruntés à Sedaine). Premier couplet :

> Où courent ces peuples épars ?
> Quel bruit a fait trembler la terre,
> Et retentit de toutes parts ?
> Amis ! c'est le cri du dieu Mars,
> Le cri précurseur de la guerre,
> De la gloire et de ses hasards.
>
> Mourons pour la patrie, Mourons pour la patrie,
> C'est le sort le plus beau, le plus digne d'envie...

Le refrain de *Roland à Roncevaux* est resté célèbre. Il a été le chant national de la Révolution de 1848. Vient ensuite dans le recueil : « *Olivier*, chant chevaleresque, tiré du poème de *Charlemagne à Pavie*, chant V (Millevoix) (*sic*) ». C'est un échantillon de la romance-troubadour, cultivée par « R. de L. » beaucoup plus tard. La poésie évoque d'ailleurs bien moins un paladin du temps de Charlemagne qu'un héros de la grande épopée des guerres de la Révolution et de l'Empire, redouté de l'ennemi, chéri des dames :

> Mainte beauté brûla pour lui d'amour ;
> Il fit rêver plus d'une châtelaine ;
> À son cimier on voyait tour à tour
> De leurs cheveux flotter l'or ou l'ébène,
> Terrible alors, contre les plus vaillants
> Il s'élançait aussi prompt que la foudre ;
> Environné de nombreux assaillants
> Il les comptait, mais couchés dans la poudre...

C'est l'apothéose de Clavaroche en un temps où Fortunio n'aurait eu que les mépris de Jacqueline. Le n° 3 « *Eginard et Emma*, romance (M. Brifaut) », titre dont je respecte l'orthographe, est une fantaisie anodine, mais voici deux chants chevaleresques, le n° 4 « tiré du poème d'*Emma et Eginard* (Millevoix) ».

> Que chacun s'arme et défende à la fois
> Son dieu, son roi, son pays et sa dame...

Le n° 5 « *Raoul de Coucy ou la Croisade*, romance chevaleresque (M. Auguste Creuzé), imitée de celle que le fameux châtelain de Coucy composa pour la dame de Fayel (Gabrielle de Vergy) en partant pour la Croisade où il fut tué ».

> Mon corps lui seul va servir le Seigneur
> Mais mon cœur reste auprès de mon amie.

Le n° 6 est la chanson attribuée à Thibaut de Champagne : « Las, si j'avais pouvoir d'oublier... » ; le n° 7 le chant de la nourrice, *Iselle et Gaston*, romance chevaleresque (M. Charles Nodier) ». Anecdote tragique. Gaston est parti pour la Croisade en jurant fidélité à la jeune Iselle « dont il avait les yeux charmés ». Le faut bruit de sa mort parvient au château ; la fiancée en meurt de chagrin ; à peine a-t-elle rendu l'âme qu'arrive l'infortuné Gaston, voué au même sort fatal :

> A minuit, au tombeau d'Iselle,
> Trois cris douloureux sont clamés.
> C'était Gaston mourant près d'elle.
> Ensemble ils furent inhumés...

« *La Blanche Marguerite*, romance de M. Révoile », est le n° 8 où le jeune Hilaire « page du Roi » surprend la triste Brigitte, « seulette aux champs », en train d'effeuiller la pâquerette. Sous le n° 9 « *Du Guesclin*, chant historique (M. Brault) » :

> Filez, filez, femmes de la Bretagne,
> Filez, filez vos quenouilles de lin.
> Pour rendre à la France, à l'Espagne
> Messire Bertrand Duguesclin...

On dirait du Bornier. Viennent ensuite du très authentique Voltaire, *Agnès Sorel* (n° 10), d'allègre et moqueuse gaîté :

ROLAND

A RONCEVAUX

Chant de Guerre

PAR

JOSEPH ROUGET DE LISLE.

Capitaine au Corps du Génie Auteur du Chant Marseillois
Musique et Paroles

Ille ego qui quondam....

On a cherché ici à renouveller cette fameuse Romance de Roland qui était le chant de guerre de nos ancêtres et dont il ne reste aucun vestige. Sédaine avoit eu le premier cette idée dans son opéra de Guillaume Tell : mais le cadre où il l'a placée ne lui a pas permis de la développer. On a profité sans scrupule de quelques uns des traits de Sédaine. Ce n'est point un plagiat ; c'est un hommage rendu à cet homme célèbre, et une maniere franche d'indiquer la source où l'on a puisé.

Le chant de Roland a plus de rapport avec les circonstances actuelles qu'on ne le croirait au premier coup d'oeil. Comme ceux d'aujourd'hui, les Français d'alors combattaient pour leurs lois et leur liberté contre les Maures qui apres avoir envahi l'Espagne voulaient soumettre le reste de l'Europe au despotisme. il n'y a de différence que celle des tems et des costumes. —

Chez Imbault marchand de musique au mont d'or rue S.t honore entre l'hôtel d'aligre et la rue des Poulies N. 627.

PRIX 1.lt 16.

> Elle avait tout ; et elle aurait dans ses chaines
> Mis les héros, les sages et les rois...

Non moins authentique Béranger « *Charles VII*, chant héroïque »,
n° 11 : « Anglais, que le nom de ma belle, dans vos rangs porte la terreur !
— J'oubliais l'honneur auprès d'elle. — Agnès me rend tout à l'honneur ».
Le n° 12 est la jolie épigramme de Clément Marot, composée pour la reine
de Navarre : « Amour trouva celle qui m'est amère » ; le 13, une
Chanson spirituelle de Marguerite de Valois, qui semble rimée par Villon :

> Pour vivre comme vrais chrétiens,
> Il faut à Christ être semblable,
> Renoncer les terrestres biens,
> Et tout honneur qui est damnable,
> Et la dame belle et jolie,
> Et plaisir qui la chair émeut.
> Laisser biens, honneur et patrie...
> Il ne fait pas ce tour qui veut !

Le n° 14 « *Bayard* », dédié aux mânes des braves », paroles et musique
de Rouget de Lisle, est le développement d'un lieu commun héroïque :
« Paix aux guerriers tombés dans nos combats ; — célébrons-les, mais ne les
pleurons pas ! » ; le n° 15, un morceau brillant sur les vers de François Ier :
« Ores que l'ai sous ma loi, — plus je règne, aimant que roi » ; le n° 16, une
romance chevaleresque d'un anonyme : *l'Amour et l'Honneur*, qui respire
les sentiments les plus monarchiques : « Il est affreux de quitter son amie,
— mais qu'il est doux de mourir pour son Roi ! » ; le n° 17, le fameux
Lai de Marie Stuart : « Adieu, plaisant pays de France »... L'inspiration
poétique de « R. de L. » se redonne carrière dans « Henri IV, chant
héroïque », composé en 1817 pour célébrer le rétablissement de la statue du
Vert-Galant sur le terre-plein du Pont-Neuf ; on peut même dire qu'elle s'y
bat les flancs pour pindariser dans le sens de la courtisanerie dynastique.
Voici le couplet dédié au successeur du Béarnais :

> L'aigle altier transmet à sa race
> Son œil perçant et sa fierté,
> Le lion sa superbe audace,
> Le coursier sa légèreté.
> Des cèdres l'antique famille,
> Règne encore au fond du Liban...

Apparemment Louis XVIII, qui n'était ni un lion, ni un aigle, ni un cèdre, fut plus surpris que flatté. Nous voyons dans la correspondance de R. de L., à la date de 1817, qu'il se plaint de l'indifférence de la Cour. Le n° 19 est la très insignifiante chansonnette : « Viens Aurore, — je t'implore », attribuée à Henri IV ; la *Chanson de Roland* (n° 20), au titre trompeur, une grivoiserie de corps de garde, du marquis de Paulini, qui remonte à 1776, fait de Roland un vrai Fanfan-la-Tulipe :

> Roland à table était charmant
> Buvait du vin avec délice,
> Mais il en usait sobrement
> Les jours de garde et d'exercice.

Indiquons encore « *Paul et Virginie*, romance (M. Doigné du Ponceau) », n° 21 ; « *l'Hymne au soleil couchant*, à trois voix », paroles et musique de Rouget de Lisle (n° 22), où le poète compare, non sans grandeur, la fin du juste aux dernières lueurs de l'astre à son déclin :

> Telle, quittant son argile grossière
> Et libre enfin de tout lien mortel,
> L'âme du juste à son heure dernière
> S'élance et vole au sein de l'Éternel.

Le n° 23, *l'Hymne des Marseillais*, est exactement placé ou plutôt dissimulé au milieu du volume. Cependant Rouget de Lisle ne renie pas son œuvre ; il lui donne seulement ce commentaire historique :

« Je fis les paroles et l'air de ce chant à Strasbourg dans la nuit qui suivit la proclamation de la guerre, fin d'avril 1792 ; intitulé d'abord *Chant de l'armée du Rhin*, il parvint A MARSEILLE par la voie d'un journal constitutionnel, rédigé sous les auspices de l'illustre et malheureux Dietrich. Lorsqu'il fit son explosion (*sic*), quelques mois après, j'étais errant en Alsace sous le poids d'une destitution encourue à Huningue pour avoir refusé d'adhérer à la catastrophe du 10 août, et poursuivi par la proscription immédiate qui, l'année suivante, dès le commencement de la Terreur, me jeta dans les prisons de Robespierre, d'où je ne sortis qu'après le neuf Thermidor ».

La « scène héroïque : *le Vengeur* » (n° 24) remonte à 1794 ; le poème de cette sorte de cantate est de Rouget de Lisle. Il commente ainsi le sujet : « Trait sublime d'un dévouement qui renouvela sur l'Océan le prodige des Thermopyles ». Sans transition on passe à « *la Jeune captive, ode d'André Chénier* » (n° 25), puis au « *Mont-Jourdain* » (n° 26), romance bien oubliée mais qui eut une vogue extraordinaire après le 9 Thermidor. « Cet infortuné », nous dit la légende explicative, « fut une des victimes de Robespierre. Il composa cette romance touchante dans le peu d'heures qui s'écoulèrent entre son jugement et son supplice » :

> L'heure approche où je vais mourir ;
> L'heure sonne, et la mort m'appelle :
> Je n'ai point de lâche désir
> Je ne fuirai point devant elle ;
> Je meurs plein de foi, plein d'honneur ;
> Mais je laisse ma douce amie
> Dans le veuvage et la douleur.
> Ah ! je dois regretter la vie...

« *Le Chant du 9 Thermidor* » (n° 27), dont les paroles sont de Rouget de Lisle, est un hymne de triomphe qui conclut sans aucune sérénité. (On sait avec quelle frénésie son auteur s'engagea dans la contre-Révolution) :

> Vous que l'amour de la patrie
> Arma du poignard de Brutus
> Il faut un triomphe de plus,
> Sans lui votre gloire est flétrie.
> Jusque dans ses derniers canaux
> Desséchez un torrent funeste ;
> Frappez, exterminez le reste
> Des assassins et des bourreaux !

On ne saurait plus lyriquement réclamer des têtes. Le n° 28 « *Hymne à l'Espérance* », est tiré d'*Adélaïde et Monville*, une nouvelle de Rouget de Lisle. *L'Hymne à la Liberté*, daté de 1795 (n° 29), porte cette mention : « Composé à Strasbourg et mis en musique par un artiste célèbre pour l'acceptation du Ier acte constitutionnel, demandé en 1796 pour une fête publique au Champ-de-Mars, il subit quelques changements analogues aux circonstances. Cet air est le seul du recueil qui ne soit pas de moi ». En effet Pleyel composa la musique de ce poème de circonstance écrit par

Rouget de Lisle à Strasbourg, sur la demande du maire Dietrich (qui le fit traduire en allemand) et chanté sur la place d'Armes (le jeune officier avait repris un thème déjà traité à l'aube de la Révolution). « *Vengeance* » (n° 30) porte cette suscription : « Composé pour la descente projetée en Angleterre en l'an 6 (1798) et devenu par suite le chant de guerre de l'armée d'Égypte ». Paroles et musique de Rouget de Lisle. De même pour « *le Chant du combat*, demandé par le fameux Consul quelques jours après le 18 Brumaire » (n° 31), dont le refrain ne manque pas d'accent :

Debout, enfants de la victoire !
Amis, voici le signal des combats.
Voici l'instant des périls, de la gloire
Il faut vaincre ou mourir en soldats.

« *Le Chant héroïque de Kléber* » (n° 32), l'*Hymne à la paix* (1812) a été écrit pendant la campagne de Moscou. La première strophe fait songer aux poèmes lyriques de Quinault :

Fille des dieux, ô sœur d'Astrée,
Reviens divine Paix, embellir nos climats.
Fille des dieux, ramène sur tes pas
Des arts et des plaisirs la troupe rassurée.

Enguerrand de Crécy (n° 34) est une ronde romantique « de M. Desprez » qui finit en chansonnette ; *l'Émigré montagnard* (n° 35), la célèbre romance de Châteaubriand : *Combien j'ai douce souvenance !*... qu'avait plus judicieusement adaptée l'auteur sur un motif populaire ; *Montaigu* (n° 36), une médiocre élégie rimée par Rouget de Lisle. *Le Chant du Jura* (1814) devait disparaître de l'édition de 1830. C'est un hymne royaliste d'une extraordinaire et bien invraisemblable ferveur :

Vive le Roi,
Noble cri de la vieille France !
Cri d'espérance,
De bonheur, d'amour et de foi.

De même, mais pour des motifs moins apparents, Rouget de Lisle
supprima dans l'édition Schlesinger le n° 41 : *Isolier*, chant chevaleresque
sur de banales strophes de Mad. L. B. *Plus de politique* (n° 38), chanson
de Béranger, voisine ensuite dans le recueil avec le très politique *Dieu
conserve le roi !* (n° 39), rimé et musiqué par R. de L. en 1814, avec ce
sous-titre : *Chant constitutionnel :*

> Dieu conserve le roi,
> L'espoir de la Patrie,
> Le Fils aîné du lis,
> Le rempart de la loi !

La fin du recueil réserve encore quelques surprises. C'est une chanson
de Béranger, *Ma République* (n° 40), et aussi *l'Aveugle de Bagnolet* (n° 43),
et encore *la Petite Fée* (n° 44) ; puis après *les Vétérans*, « chant national
de M. F. P. » (n° 45), nous arrivons au Béranger héroïque, contraste sans
aucune préparation : l'Ode pour la libération du territoire : « Peuples
formez une sainte alliance — et donnez-vous la main » (n° 46), chantée à
Liancourt en octobre 1818. *Les Enfants de la France* (n° 47), datés de 1819.
Mon dernier vœu (n° 48), (1820), est un testament patriotique auquel le
poète devait survivre encore treize ans, *le Chant des industriels* (n° 49),
une assez négligeable inspiration (1821), *le Voyageur* (n° 50), un fragment
de la 11ᵐᵉ Messénienne de Casimir Delavigne, que Rouget de Lisle (jadis
Delisle) ortographie De La Vigne. Mais le n° 42 paraîtra le plus inattendu...
« *Si j'étais petit oiseau*, chanson de Béranger » :

> Moi qui même auprès des belles.
> Voudrais vivre en passager,
> Que je porte envie aux ailes
> De l'oiseau vif et léger !
> Combien d'espace il visite !
> A voltiger tout l'invite,
> L'air est doux, le ciel est beau !...
> Je volerais vite, vite,
> Si j'étais petit oiseau...

Ces pauvretés mises en musique par Rouget de Lisle !... Tout arrive.

III

UNE AÏEULE DE LA « DAME AUX CAMÉLIAS »

Lauretta Pisana et Marguerite Gautier.

Une aïeule de la "Dame aux Camélias"

LAURETTA PISANA et MARGUERITE GAUTIER

ТOUT n'est jamais dit quand il s'agit de génies aussi vastes que Jean-Jacques Rousseau. L'œuvre totale se dérobe à la synthèse, et dans l'analyse même combien de détails échappent dont chacun mériterait une étude approfondie ! Il est trop certain que certaines dispositions physiques, d'une outrance presque morbide, auraient entraîné Jean-Jacques Rousseau au delà des réalisations acceptables comme peintre de l'amour-passion, s'il avait abordé le théâtre qui l'attirait et qu'il a seulement effleuré ; en revanche il était merveilleusement doué pour la psychologie amoureuse. Il convient d'en fournir la preuve matérielle avant que s'éteignent les derniers échos des fêtes du centenaire. On la trouvera dans un petit roman de Jean-Jacques placé à la fin de la *Nouvelle Héloïse* et dont le titre est ainsi orthographié sur l'édition originale : *les Amours de Mylord Edouard*.

La *Nouvelle Héloïse* est d'une lecture assez pénible, comme la plupart des romans par lettres, genre désuet. Quelques pages admirables y sont noyées dans un fatras économique ou philosophique devenu tout à fait négligeable. Une rallonge inquiète à première vue. C'est sans doute à cette impression préventive qu'on doit imputer la mise en oubli d'une nouvelle qui n'a pas seulement une réelle valeur littéraire dans sa concision très imprévue, mais qui présente le plus vif intérêt au point de vue de la documentation de notre histoire théâtrale, car Jean-Jacques s'y avère précurseur de Dumas fils. Dans une vingtaine de pages tient la *Dame aux Camélias* tout entière, ennoblie, épurée, sans mélange d'éléments naturalistes.

Voici la donnée, très simple : Edouard Bomston, un lord richissime, à la fois viveur et puritain ou plutôt traditionaliste, type fréquent au dix-huitième siècle, s'est épris, à Rome, d'une marquise napolitaine, jeune, belle, ardente, sans scrupules, qui se fait passer pour veuve. Après quelques semaines d'abandon, elle ne saurait lui cacher plus longtemps qu'elle est mariée ; il rompt alors le commerce adultère, mais continue les relations amicales.

« Tout indigne que la marquise était d'aimer, elle aimait pourtant ; il fallut consentir à voir sans fruit un homme adoré qu'elle ne pouvait conserver autrement ; et cette barrière volontaire écartant l'amour des deux côtés, il en devint plus ardent par la contrainte. La marquise ne négligea pas les soins qui pouvaient faire oublier à son amant ses résolutions : elle était séduisante et belle. Tout fut inutile ; l'Anglais resta ferme ; sa grande âme était à l'épreuve. La première de ses passions était la vertu ; il eut sacrifié sa vie à sa maîtresse et sa maîtresse à son devoir ».

Il y a vertu et vertu. Apparemment, la marquise savait, à n'en pouvoir douter, que celle de milord Edouard admettait et même exigeait des compensations réalistes, car il lui sembla nécessaire de s'aviser d'un expédient assez scabreux pour stabiliser l'adultère blanc. Suivant l'expression de Jean-Jacques qui n'était jamais à court d'euphémismes quand il lui plaisait de ménager ses lecteurs, « elle oublia ses plaisirs pour songer à ceux de son amant, et ne pouvant les partager, elle voulut au moins qu'il les tînt d'elle. » Bref, s'inspirant de l'exemple de Madame de Pompadour, elle lui présenta une remplaçante, Lauretta Pisana, professionnelle réputée parmi les nombreuses filles galantes de la Ville Éternelle, mais réunissant des qualités de modestie et de discrétion relatives qui lui paraissaient indispensables.

« Elle n'épargna ni soins ni dépense pour faire chercher dans tout Rome une jeune personne facile et sûre : on la trouva, non sans peine. Un soir, après un entretien fort tendre, elle la lui présenta.

— Disposez-en, lui dit-elle avec un sourire, qu'elle jouisse du prix de mon amour, mais qu'elle soit la seule. C'est assez pour moi si quelquefois, auprès d'elle, vous songez à la main dont vous la tenez.

» Elle voulut sortir ; Édouard la retint. — Arrêtez, lui dit-il. Si vous me croyez assez lâche pour profiter de votre offre dans votre propre maison, le sacrifice n'est pas d'un grand prix, et je ne vaux pas la peine d'être beaucoup regretté. — Puisque vous ne devez pas être à moi, je souhaite, dit la marquise, que vous ne soyez à personne ; mais si l'amour doit perdre ses droits, souffrez au moins qu'il en dispose. Pourquoi mon bienfait vous est-il à charge ? Avez-vous peur d'être un ingrat ?

» Alors elle l'obligea d'accepter l'adresse de Laure (c'était le nom de la jeune personne), et lui fit jurer qu'il s'abstiendrait de tout autre commerce. Il dut être touché ; il le fut. Sa reconnaissance lui donna plus de peine à contenir que son amour ; et ce fut le piège le plus dangereux que la marquise lui ait tendu de sa vie ».

Piège dangereux d'abord pour la tendre procureuse, car ce calcul amoral réservait à la marquise de cruels déboires après avoir valu à Édouard Bomston une étrange surprise. Lorsqu'il veut apprivoiser Lauretta Pisana, ses caresses sont mal reçues, ses offres rejetées « d'un air qu'on ne prend point en disputant ce qu'on veut accorder ». Il s'étonne, puis s'irrite :

« Devait-il des égards d'enfant à une fille de cet ordre ? Il usa sans ménagements de ses droits. Laure, malgré ses cris, ses pleurs, sa résistance, se sentant vaincue, fait un effort, s'élance à l'autre extrémité de la chambre, et lui crie, d'une voix animée : « Tuez-moi si vous voulez ! Jamais vous ne me toucherez vivante ». Le geste, le ton, le regard n'étaient pas équivoques. Édouard, dans un étonnement qu'on ne peut concevoir, se calme, la prend par la main, la fait asseoir, s'assied à côté d'elle, et la regardant sans parler, attend froidement le dénoûment de cette comédie.

» Elle ne disait rien, elle avait les yeux baissés, sa respiration était inégale, son cœur palpitait et tout marquait en elle une agitation extraordinaire. Édouard rompit enfin le silence pour lui demander ce que signifiait cette étrange scène :

— Me serais-je trompé ? lui dit-il ; ne seriez-vous point Lauretta Pisana ? Plût à Dieu ! dit-elle d'une voix tremblante. — Quoi donc, reprit-il avec un sourire moqueur, auriez-vous par hasard changé de métier ? — Non, dit Laure, je suis toujours la même ; on ne revient plus de l'état où je suis.

» Il trouva dans ce tour de phrase et dans l'accent dont il fut prononcé, quelque chose de si extraordinaire qu'il ne savait plus que penser et qu'il crut que cette fille était devenue folle. Il continua : — Pourquoi donc, charmante Laure, ai-je l'exclusion ? Dites-moi ce qui m'attire votre haine. — Ma haine, s'écria-t-elle d'un ton plus vif. Je n'ai point aimé ceux que j'ai reçus ; je peux souffrir tout le monde, hors vous seul. — Mais pourquoi cela ? Laure, expliquez-vous mieux. Je ne vous entends point. — Eh ! m'entends-je moi-même ? Tout ce que je sais, c'est que vous ne me toucherez jamais... Non, s'écria-t-elle encore avec emportement, jamais vous ne me toucherez. En me sentant dans vos bras je songerais que vous n'y tenez qu'une fille publique et j'en mourrais de rage ».

C'est exactement, avec la colère et la résistance en plus, le langage que la Dame aux Camélias tiendra au jeune Duval : « Vous n'avez donc jamais aimé personne ? demanda Armand. — Jamais, grâce à Dieu ! répondit Marguerite ». Même révélation du sentiment ignoré jusque-là. Même fougue. Autant de pleurs, car c'est le commencement de la filiation romantique et vous savez si elle sera de tempérament pleurnichard :

« Laure s'animait en parlant. Édouard aperçut dans ses yeux des signes de douleur et de désespoir qui l'attendrirent... Il lui prit la main avec un air affectueux. A peine elle sentit cette main qu'elle y pencha la bouche et la pressa de ses lèvres en poussant des sanglots et en versant des torrents de larmes. Ce langage, quoique assez clair, n'était pas précis. Édouard ne l'amena qu'avec peine à lui parler plus nettement. La pudeur éteinte était revenue avec l'amour, et Laure n'avait jamais prodigué sa personne avec tant de honte qu'elle en eut d'avouer qu'elle aimait ».

La courtisane romaine est touchée de l'amour et du repentir comme le sera, un siècle plus tard, sa petite-fille, la Parisienne galante. Seulement, plus délicate que Marguerite Gautier dans la première phase de son béguin pour Armand, elle emprunte à sa passion même la force de le dominer. C'est vraiment une Madeleine, et Jean-Jacques décrit son état d'âme en psychologue informé :

« Le trouble de l'amour naissant est toujours doux. Le premier mouvement de Lauretta fut de se livrer à ce nouveau charme ; le second

fut d'ouvrir les yeux sur elle. Pour la première fois, elle vit son état ; elle en eut horreur. Tout ce qui nourrit l'espérance et les désirs des amants se tournait en désespoir dans son âme. La possession de ce qu'elle aimait n'offrait à ses yeux que l'opprobre d'une abjecte et vile créature à laquelle on prodigue son mépris avec ses caresses. Dans le prix d'un amour heureux elle ne vit que l'infâme prostitution. Les tourments les plus insupportables lui venaient ainsi de ses propres désirs. Plus il lui était aisé de les satisfaire, plus son sort lui semblait affreux ; sans honneur, sans espoir, sans ressources, elle ne connut l'amour que pour en regretter les délices. Ainsi commencèrent ses longues peines et finit son bonheur d'un moment. »

Lauretta Pisana atteint ainsi, du premier élan, cet état de purification morale qui marquera la seconde période de transformation de la Dame aux Camélias. « J'aime, dit Marguerite à M. Duval, avec tout ce qu'une femme peut retrouver de pur dans le fond de son cœur quand Dieu prend pitié d'elle et lui envoie le repentir. »

Edouard Bomston est, du reste, un père Duval, à sa manière (rôle qu'il partagera plus tard avec Saint-Preux). Il ne craint pas de philosopher ne pouvant d'ailleurs faire autre chose.

« La douleur consacrait Laure. Edouard qui, peu à peu, la prenait en amitié, vit qu'elle n'était que trop affligée et qu'il fallait plutôt la ranimer que de l'abattre. Il la voyait, c'était déjà beaucoup pour la consoler. Ses entretiens firent plus, ils l'encourageaient ; ses discours élevés et grands rendaient à son âme accablée le ressort qu'elle avait perdu. Quel effet ne faisaient-ils point partant d'une bouche aimée et pénétrant dans un cœur bien né que le sort livrait à la honte mais que la nature avait fait pour l'honnêteté ! C'est dans ce cœur qu'ils trouvaient de la prise et qu'ils portaient avec fruit les leçons de la vertu. »

Voilà notre courtisane régénérée. Ayant reçu la grâce efficace — *spiritus flat ubi vult* — elle n'entend pas la compromettre et prend une brusque résolution :

« Elle ne trouva d'autre parti que d'aller brusquement se jeter dans un couvent et d'abandonner sa maison presque au pillage, car elle vivait dans une opulence commune à ses pareilles, surtout en Italie, quand l'âge et la figure les font valoir. Elle n'avait rien dit à Bomston de son projet, trouvant une sorte de bassesse à en parler avant l'exécution. Quand elle fut

dans son asile, elle le lui marqua par son billet, le priant de la protéger contre
les gens puissants qui s'intéressaient à son désordre et que sa retraite allait
offenser. Il courut chez elle assez tôt pour sauver ses effets. Quoique étranger
dans Rome, un grand seigneur considéré, riche et plaidant avec force
la cause de l'honnêteté, y trouva bientôt assez de crédit pour la maintenir
dans son couvent et même l'y faire jouir d'une pension que lui avait laissée
le cardinal auquel ses parents l'avaient vendue.

« Il fut la voir. Elle était belle, elle aimait, elle était pénitente ; elle lui
devait tout ce qu'elle allait être, que de titres pour toucher un cœur comme
le sien ! Il vint, plein de tous les sentiments qui peuvent porter au bien
les cœurs sensibles, il n'y manquait que celui qui pouvait la rendre heureuse
et qui ne dépendait pas de lui. Jamais elle n'en avait tant espéré ; elle était
transportée ; elle se sentait déjà dans l'état auquel on remonte si rarement.
Elle disait : je suis honnête ; un homme vertueux s'intéresse à moi. Amour,
je ne regrette plus les pleurs, les soupirs que tu me coûtes, tu m'as déjà
payée de tout. Tu fis ma force et tu fais ma récompense ; en me faisant aimer
mes devoirs, tu deviens le premier de tous. Quel bonheur n'était réservé qu'à
moi seule ! C'est l'amour qui m'élève et m'honore ; c'est lui qui m'arrache
au crime, à l'opprobre ; il ne peut plus sortir de mon cœur qu'avec la vertu.
O Edouard ! quand je redeviendrai méprisable j'aurai cessé de t'aimer. »

On le voit : Lauretta Pisana emploie déjà, et couramment, le vocabulaire
des réhabilitées. Sa descendance n'y ajoutera pas grand'chose.

La situation est nettement posée. La bizarre machination de la marquise
s'est retournée contre cette frénétique amoureuse qui ne tardera pas à devenir
une amante enragée. « On peut juger du désespoir de cette femme emportée
quand elle crut s'être donné une rivale, et quelle rivale ! par son imprudente
générosité... La marquise n'ayant pu obtenir qu'il cessât de voir cette
infortunée devint furieuse. Sans avoir le courage de rompre avec lui, elle le
prit dans une espèce d'horreur. Elle frémissait en voyant entrer son carrosse ;
le bruit de ses pas en montant l'escalier la faisait palpiter d'effroi. Elle était
prête à se trouver mal à sa vue... Son dépit sanguinaire ne lui dictait que des
projets dignes d'elle. Elle fit plusieurs fois attaquer Edouard sortant
du couvent de Laure ; elle lui tendit des pièges à elle-même pour l'en faire
sortir et l'enlever. Tout cela ne put le guérir. Il retournait le lendemain chez
celle qui l'avait voulu faire assassiner la veille ; et toujours avec son chimé-
rique projet de la rendre à la raison, il exposait la sienne et nourrissait sa
faiblesse du zèle de sa vertu... »

Cet insulaire est bien flegmatique ou bien sermonneur. Tout de même
quand la marquise est devenue veuve ce n'est pas elle qu'il épousera quoi

qu'il en soit presque tenté. La « femme collante » qui fut d'abord une
maîtresse complaisante tourne un peu trop à la mégère, tandis que Laure,
la couventine volontaire, devient un modèle de vertu.

« A chaque voyage, Bomston trouvait à celle-ci de nouvelles perfections ;
elle avait appris l'anglais, elle savait par cœur tout ce qu'il lui avait conseillé
de lire ; elle s'instruisait dans toutes les connaissances qu'il paraissait
aimer ; elle cherchait à mouler son âme sur la sienne et ce qu'il y restait de
son fonds ne le déparait pas. »

Au demeurant il s'est assez attaché à Laure pour oublier le premier état
de cette intéressante repentie et pour s'exposer « à franchir sans y songer
la barrière qui le séparait d'elle » suivant les expressions de Jean-Jacques.
Plus simplement il est fort tenté d'épouser. Nous entrons dans le drame,
c'est-à-dire dans le conflit Édouard va se trouver pris comme Armand Duval
entre la toute-puissance de l'amour qui, suivant la doctrine romantique,
rachète le passé même de la courtisane et les conventions mondaines qui
admettent la régénération, voire la réhabilitation de la créature déclassée
mais font d'expresses réserves au point de vue de sa réintégration dans
la société.

La dernière partie des *Amours de Mylord Édouard* — celle qui ne se
trouve pas dans le roman mais bien dans la cinquième et sixième partie de
la *Nouvelle Héloïse* — est la très dramatique présentation des deux forces
en présence : le *Forza dell amore* et l'inflexible dureté du préjugé social.
L'Anglais amoureux est en relations amicales avec la famille Wolmar (....
n'avait-t-il pas songé à épouser Julie, ce qui l'a tout de suite rendu sympa-
thique au mari ?) et par conséquent avec son inséparable Saint-Preux. Il a
fait venir ce dernier pour lui demander conseil ; il a même semblé vouloir
lui confier le soin de partager ses sentiments. Il l'a présenté à la marquise —
en qui Saint-Preux, homme sensible, a tout de suite discerné un « monstre »,
c'est-à-dire la tyrannique amoureuse, la femme fatale du drame moderne.

Le confident improvisé a également vu Lauretta « dont il n'a pu nier
toutes les vertus », dont il a même exagéré le mérite, écrit-il à Wolmar,
pour détacher plus sûrement Édouard de l'indigne marquise. Mais l'exagération a produit un effet tout contraire sur le sentimental insulaire et à la
suite de cette nouvelle crise morale Édouard se montre tout prêt à transformer l'ex-fille galante en lady Bomston tandis que la marquise, ayant mal
ravalé son fiel, est « aux portes du tombeau ».

Logiquement cette solution devrait satisfaire Saint-Preux, sans lui
causer aucune surprise, car, de son propre aveu, Laure est devenue une
manière de petite sainte : « En vérité, l'on ne peut voir cette infortunée

sans être touché de son air et de sa figure : une impression de langueur et d'abattement qui ne quitte point son charmant visage en éteignant la vivacité de sa physionomie la rend plus intéressante : et, comme les rayons du soleil échappé à travers les nuages, les yeux ternis par la douleur lancent des feux plus piquants. Son humiliation même a toutes les grâces de la modestie ; en la voyant, on la plaint ; en l'écoutant, on l'honore. »

En conscience, rien ne s'oppose, semble-t-il, à ce qu'une personne aussi régénérée épouse son régénérateur... Détrompez-vous ! Saint-Preux n'admet pas un instant que Laure puisse être réhabilitée par le mariage. Les intentions présumées de Milord Édouard le font frémir d'horreur, et il traduit cette impression avec une éloquence cahotée :

« Il s'égare, ô Wolmar, je le vois, je le sens, je dois vous l'avouer dans l'amertume de mon cœur. Je frémis en songeant jusqu'où son égarement peut lui faire oublier ce qu'il est et ce qu'il se doit. Je tremble que cet intrépide amour de la vertu, qui lui fait mépriser l'opinion publique, ne le porte à l'autre extrémité et ne lui fasse braver encore les lois sacrées de la décence et de l'honnêteté. Édouard Bomston faire un tel mariage !... Il faudra qu'il m'arrache le cœur de la main avant de la profaner ainsi. »

Saint-Preux croit donc, ferme comme le roc, que « les lois sacrées de la décence et de l'honnêteté » interdisent à un honnête homme de réhabiliter une femme tombée en lui donnant son nom. L'ordre social, intéressé, parait-il, à ce qu'aucun reclassement n'ait lieu, n'a pas d'avocat plus fervent ni de champion plus retors. Écoutez l'exposé de son plan de campagne. C'est lui, cette fois, comme je l'indiquais plus haut, qui créera l'emploi du père Duval et préparera le chantage au sentiment.

« Le véritable amour est inséparable de la générosité et par elle on a toujours sur lui quelque prise. J'ai tenté cette voie indirecte et je ne désespère pas du succès. Ce moyen parait cruel ; je ne l'ai pris qu'avec répugnance. Cependant, tout bien pesé, je crois rendre service à Laure elle-même. Que ferait-elle dans l'état auquel elle peut monter qu'y montrer son ancienne ignominie ? mais qu'elle peut être grande en demeurant ce qu'elle est ! Si je connais bien cette étrange fille, elle est faite pour jouir de son sacrifice plus que du rang qu'elle doit refuser. Si cette ressource me manque, il m'en reste une de la part du gouvernement, à cause de la religion ; mais ce moyen ne doit être employé qu'à la dernière extrémité et au défaut de tout autre. »

Wolmar, « l'excellent Wolmar » ne va pas à l'encontre de cette férocité bourgeoise qui répond à son statut social comme à son éducation première. Seule Julie ne s'effarouchera pas. Elle envisagera même avec quelque

complaisance, en écrivant à sa confidente Claire d'Orbe, la perspective de
faire les honneurs de la maison puritaine à la touchante repentie.

A vrai dire elle a de bonnes raisons pour ne pas se montrer trop sévère
sur le chapitre des mœurs, ayant pris jadis dans les bras de Saint-Preux
quelques acomptes sur le mariage Wolmar et elle confesse ingénûment que
c'est le principal motif de son indulgence :

« Lady Bomston viendra donc ici ! Ici, mon ange ! qu'en penses-tu ?
Après tout, quel prodige ne doit pas être cette étonnante fille que son éducation perdit, que son cœur a sauvée et pour qui l'amour fut la route de la
vertu ? qui doit plus l'admirer que moi qui fis tout le contraire et que mon
penchant seul égara quand tout concourait à me bien conduire ? Je m'avilis
moins, il est vrai, mais me suis-je élevée comme elle ? Ai-je évité tant de
pièges et fait tant de sacrifices ? »

Julie va loin ; elle va même, remarquons-le puisque nous montrons
Jean-Jacques précurseur de Dumas fils, aussi loin que Madame Aubray dans
la célèbre pièce à thèse du même auteur, mais 1⁰ elle ne se convaincra pas
elle-même et donnera ce correctif au début de sa lettre :

« Hé bien ! cousine, quand ma raison me dit cela, mon cœur en
murmure ; et, sans que je puisse expliquer pourquoi, j'ai peine à trouver bon
qu'Edouard ait fait ce mariage (elle le considère déjà comme accompli) et
que son ami s'en soit mêlé. O l'opinion ! l'opinion ! qu'on a de peine à
secouer son joug ! Toujours elle nous porte à l'injustice. »

2⁰ Elle ne convaincra ni Saint-Preux emballé, ni Wolmar embourgeoisé,
ni Claire d'Orbe, la petite cousine à âme d'entremetteuse sentimentale, qui
la réfute avec un singulier mélange de cruauté mondaine, de sens pratique et
de pharisaïsme. Le morceau est à citer ; ce serait d'excellent dialogue théâtral.

« Parlons de la prétendue lady Bomston. Je m'indigne à ce seul titre.
Je ne pardonnerais pas plus à Saint-Preux de le laisser prendre à cette fille
qu'à Edouard de le lui donner et à toi de le reconnaître. Julie de Wolmar
recevoir Lauretta Pisana dans sa maison ! la souffrir auprès d'elle ! Eh ! mon
enfant, y penses-tu ! quelle douceur cruelle est-ce là ? Ne sais-tu pas que l'air
qui t'entoure est mortel à l'infamie ? La pauvre malheureuse oserait-elle
mêler son haleine à la tienne, oserait-elle respirer près de toi ? Elle y serait
plus mal à l'aise qu'un possédé touché par des reliques ; ton seul regard la
ferait rentrer en terre ; ton ombre seule la tuerait. »

Voilà pour la cruauté mondaine. Elle est un peu là, comme nous dirions.

Le pharisaïsme y est aussi : « Malgré toi tu sens ta répugnance, écrit encore
Claire à Julie ; tu la taxes d'orgueil, tu voudrais l'imputer à l'opinion·
Bonne fille ! et depuis quand l'opprobre du vice n'est-il que dans l'opinion ?
quelle société conçois-tu possible avec une femme devant qui l'on ne saurait
nommer la chasteté, l'honnêteté, la vertu, sans lui faire verser des larmes de
honte, sans ranimer ses douleurs, sans insulter presque à son repentir ? Crois-
moi, mon ange, il faut respecter Laure et ne la point voir. La fuir est un
égard que lui doivent d'honnêtes femmes ; elle aurait trop à souffrir avec
nous. Écoute. Ton cœur te dit que ce mariage ne se doit point faire. N'est-
ce point te dire qu'il ne se fera pas ? »

Ce caquetage ne manque pas d'intérêt. Mais voici quelque chose de
plus sérieux, le passage où Claire s'efforce de convaincre Julie que son cas
n'est vraiment pas assimilable à celui de Lauretta Pisana :

« Je ne méprise point Laure, à Dieu ne plaise ! Au contraire je l'admire
et la respecte d'autant plus qu'un pareil retour est héroïque et rare. En est-
ce assez pour autoriser les comparaisons basses avec lesquelles tu t'oses
profaner toi-même ? comme si, dans ses plus grandes faiblesses le véritable
amour ne gardait pas la personne et ne rendait pas l'honneur plus j doux. »

Phraséologie à part, Claire d'Orbe touche ici au fond même de la
question, à la différence (essentielle suivant le code social qui, là dessus, n'a
jamais varié) entre les fautes vénielles imputables au seul entraînement
passionnel et le crime irrémissible : la vénalité. Préjugé ou non, c'est cet
principe de la tare indélébile résultant du débit professionnel de la volupté
qui, un siècle plus tard, fera conclure Dumas fils à l'impossibilité morale de
réhabiliter la Dame aux Camélias.

Le plus récent commentateur du grand dramaturge à thèses, M. Carlos-
M. Noël, dans un livre très remarquable, *les Idées sociales dans le théâtre
de A. Dumas fils*, a précisé cette orientation de la célèbre comédie. Dès que
Marguerite aime, elle bannit ses amants, elle proscrit la vénalité, elle aspire
à la vie sérieuse régulière ; mais, intimement, individuellement réhabilitée,
elle demeure condamnée socialement. On ne se purifie pas de la débauche
qui fut un métier. C'est la faute inexpiable pour la société, pour le monde
qui, publiquement, applaudira la Samaritaine, mais en petit comité, accusera
le Christ d'avoir eu de bien mauvaises fréquentations.

« Tandis que Nichette et Gustave se marieront, observe encore M. Carlos
M. Noël (Nichette, une fille sage mais qui a un amant) Marguerite mourra,
revenue à son vomissement, à sa honte. L'exemple de Nichette est signifi-
catif... » Et en effet, cet exemple est tout à fait conforme à la distinction

formulée dans la *Nouvelle Héloïse*. Le misogyne Dumas fils raisonne exactement comme cette caillette de Claire d'Orbe. De même, il prendra le dénouement de Jean-Jacques, mais en l'aggravant, en lui donnant cette couleur mélodramatique et romanesque qui a fait durer la pièce grâce à la transformation géniale opérée par des interprètes telles que Mme Sarah et la Duse mais qui n'en est pas moins, quand on y réfléchit, assez vulgaire et déplaisante.

Lauretta meurt cependant, car l'anéantissement seul est possible pour la courtisane à la fois amoureuse et repentie, son amour même, comme l'observe encore M. Noël, lui imposant, s'il est sincère, de renoncer à cet amour pour faire le bonheur (ou ne pas faire le malheur) de celui qu'elle aime. Ainsi Marguerite Gautier s'écriera : « Armand a le droit de m'aimer mais non de m'épouser. Il y a des choses qu'une femme n'efface pas de sa vie et qu'elle ne doit pas donner à son mari le droit de lui reprocher » (étrange rédaction, mais apparemment Marguerite se comprend et, avec un petit effort, nous la comprenons aussi).

La différence entre l'héroïne de Dumas et celle de Jean-Jacques, c'est que Lauretta Pisana se contentera de mourir au monde. Elle disparaitra sans étaler sur la scène les affres d'une crise de phtisie. Également certaine qu'Édouard Bomston a résolu de l'épouser et qu'elle le mettrait hors la loi sociale en le laissant contracter ce que le rigide Saint-Preux appelle « un mariage abject », elle charge cet austère conseiller de porter à Bomston une lettre qui mérite de figurer dans l'album épistolaire des grandes amoureuses :

« L'amour a vaincu : vous avez voulu m'épouser ; je suis contente. Votre ami m'a dicté mon devoir ; je le remplis sans regret. En vous déshonorant j'aurais vécu malheureuse ; en vous laissant votre gloire, je crois la partager. Le sacrifice de tout mon bonheur à un devoir si cruel me fait oublier la honte de ma jeunesse. Adieu : dès cet instant je cesse d'être en votre pouvoir et au mien. Adieu pour jamais. O Édouard ! ne portez pas le désespoir dans ma retraite ; écoutez mon dernier vœu. Ne donnez à nulle autre une place que je n'ai pu remplir. Il fut au monde un cœur fait pour vous et c'était celui de Laure. »

C'est sobre et définitif. D'ailleurs toutes les précautions sont prises ; Laure a prononcé ses vœux dans le couvent où elle était pensionnaire, et la cour de Rome, informée qu'elle a couru le terrible danger d'épouser un luthérien, a donné des ordres pour empêcher Bomston de la revoir. Lauretta Pisana disparait comme disparaîtra Marguerite Gautier, mais sans mise en scène macabre, sans crachats pulmoniques, sans mouchoir tordu, sans agonie virevoltante.

Au demeurant, Jean-Jacques Rousseau, qui a laissé si peu de bagage dramatique *(Pygmalion, le Devin du village)*, fut le véritable parrain de la *Dame aux Camélias*, c'est-à-dire d'une pièce destinée à devenir mondiale (Mme Sarah Bernhardt l'a jouée plus de deux mille fois à Paris et en tournée). Non seulement il a inventé le personnage de la Madeleine repentie — il n'y a pas trace de régénération morale chez Manon, fille à béguins — mais il en a donné le parfait modèle, maintenu dans les limites de ce genre éminemment français, d'un goût si épuré, qui est la nouvelle.

Reprenant ce grand sujet, Dumas fils n'a pu ignorer *les Amours de Mylord Édouard* ; il possédait Jean-Jacques ; on sent même qu'il en était possédé quand on lit ses préfaces. L'auteur de « la Dame » a d'ailleurs quelque peu gâté le texte originel pour le dramatiser, c'est-à-dire pour en objectiver les péripéties. Marguerite s'abandonnant à Varville afin d'élever un obstacle insurmontable entre sa propre faiblesse et la passion d'Armand ne vaut pas Lauretta se réfugiant dans un cloître. En revanche, elle est plus scénique. La chambre empuantie d'éther où la Dame aux Camélias se débat contre la mort évoque des idées moins nobles que la cellule où la courtisane romaine se laisse murer toute vive. Mais elle impressionne le public plus profondément. C'est la loi du genre théâtral ; c'en est aussi l'infériorité littéraire.

IV

UN PHILINTE DU XVIIIe SIÈCLE

Le " Misanthrope corrigé " de Marmontel.

Un Philinte du XVIIIme siècle

Le " Misanthrope corrigé " de Marmontel

> « Célicour, dès l'âge de quinze ans, avait
> été, dans sa province, ce qu'on appelle un
> petit prodige. Il faisait les vers les plus
> galants du monde ; il n'y avait pas dans le
> voisinage une jolie femme qu'il n'eût célé-
> brée, et qui ne trouvât que ses yeux avaient
> encore plus d'esprit que ses vers. »
>
> *(Contes moraux.)*

GRAND sujet, grande pièce, *le Misanthrope,* comme toutes les grandes pièces et tous les grands sujets, devait avoir une suite — et même plusieurs. A vrai dire on n'en connaît guère que deux, *le Philinte* de Fabre d'Églantine, où l'homme aux rubans verts est travesti en sans-culotte et la *Conversion d'Alceste* de Georges Courteline, où la misanthropie est aggravée par un misogyne. Il ne semble pas que personne depuis cent ans et plus ait songé à exhumer du sépulcre des œuvres complètes de Jean-François Marmontel le petit récit que ce fécond Limousin intitula *le Misanthrope corrigé.*

C'est pourtant un « conte moral » très curieux, le plus original, à coup sûr, le plus personnel de ces *contes moraux* dont le succès fut considérable vers la fin du XVIIIe siècle et que recouvre maintenant la cendre fine de l'oubli. Marmontel, qui fut un Philinte, y prend sur Alceste la revanche du conseilleur matois, sournois et bien éduqué que son inter-

locuteur furibond envoie se faire pendre, avec tant de désinvolture.
Il y témoigne amplement, avec une tranquille et magnifique assurance,
que les Philintes n'entendent rien aux Alcestes, pas plus que les Mar-
montels ne comprennent quoi que ce soit aux Molières. Et en effet *le
Misanthrope corrigé* est un parfait modèle d'incompréhension philosophique et littéraire. A ce seul titre il mériterait d'être ressuscité. Mais
il offre un autre intérêt, celui d'une pastorale Florianesque, aux tendances
philosophiques et humanitaires, ruminée, cuisinée, mijotée, adornée de
rubans et de guirlandes pendant que les nuées de la bourrasque révolutionnaire s'entassaient à l'horizon et que, suivant l'expression du poète, l'ombre
des événements qui s'approchent commençait à s'étendre sur le pavois
fleurdelisé de la France monarchique.

Marmontel suppose qu'Alceste, réalisant la menace d'abandonner la
Cour et la Ville pour aller chercher

.... un endroit écarté
Où d'être homme d'honneur on ait la liberté,

s'est retiré bien loin de Paris, dans les Vosges, près de Laval et sur les
bords de la Vologne : « cette rivière, dont les coquillages renferment la
perle (?), est encore plus précieuse par la fertilité qu'elle donne à ces
bords. Le vallon qu'elle arrose est une belle prairie. D'un côté, s'élèvent
de riantes collines semées de bois et de hameaux. C'est là qu'Alceste
était allé vivre, oublié de la nature entière... » Et après avoir esquissé
ce petit paysage, le conteur, sans doute pour bien nous prouver tout de
suite qu'il n'a rien compris à la psychologie du misanthrope, nous montre
un Alceste dulcifié par l'ambiance, respirant librement, louant le ciel
d'avoir rompu avec tous ses liens, « libre de soins et de devoirs, tout à
lui-même et enfin délivré du spectacle odieux du monde, ne désirant, ne
regrettant rien ».

N'importe quel conteur moderne, reprenant le même postulat anecdo-
tique, s'attacherait au contraire, sans être grand psychologue, à nous
montrer le contraste de ce poétique asile et des sentiments tumultueux qui
bouillonnent dans le cerveau d'un Alceste à peine évadé de la ville. Il
évoquerait un atrabilaire d'autant plus dévoré par la bile que rien ne
vient le distraire de son mal, désirant tout, regrettant tout, et les trom-
peries de Célimène, et les petites mines sérieuses d'Éliante et les lieux-
communs de Philinte, et les incartades des marquis, et jusqu'au sonnet
de l'homme au sonnet. Nous le verrions désemparé, furibond, ne sachant

Portrait de MARMONTEL

où se reprendre ni qui reprendre. Et en effet nous savons que l'influence du milieu ambiant est un des plus discutables paradoxes imaginés par Taine, qu'au sein de la nature comme ailleurs et même plus qu'ailleurs on n'a jamais que ce qu'on apporte, que le plus beau paysage, comme le plus laid, est un état d'âme, et que loin de transformer un caractère il en reçoit les reflets changeants... Mais justement c'est l'idée fixe de Marmontel de ne pas voir dans le misanthrope un véritable caractère. Il s'explique là-dessus dès le premier alinéa de son conte moral, avec une entière sincérité et aussi avec une niaiserie obtuse qu'on s'étonnerait de rencontrer chez un homme aussi fin, si l'imperméabilité du gendelettre à l'égard des conceptions du véritable écrivain n'était une des principales tares de l'espèce :

« On ne corrige pas le naturel, me dira-t-on, et j'en conviens ; mais entre mille accidents combinés qui composent un caractère quel œil assez fin démêlera ce caractère indélébile ? Et combien de vices et de travers on attribue à la nature qu'elle ne se donna jamais ! Telle est, dans l'homme, la haine des hommes ; c'est un caractère factice, un personnage qu'on prend par humeur et qu'on garde par habitude, mais dans lequel l'âme est à la gêne et dont elle ne demande qu'à se délivrer... ».

Dès que la misanthropie d'Alceste n'est plus qu'un caractère factice, une sorte de camisole de force dans laquelle l'âme est à la gêne, tout doit s'arranger et en effet tout s'arrange — à la papa. La bile d'Alceste se change en orgeat rien qu'à voir autour de lui « la terre cultivée et fertile nourrir un peuple heureux ». C'est que pour l'instant la Vologne arrose une vallée de Tempé. Alceste rencontre un paysan qui chante en traçant son sillon et tout de suite s'engage un dialogue qui semble du Diderot illustré par Greuze. L'homme des champs raconte qu'il est marié, qu'il a quatre enfants et que tout ce petit monde prospère :

« — Et comment vivez-vous ? — Fort bien : d'excellent pain, du bon laitage, et des fruits de notre verger. Ma femme, avec un peu de lard, fait une soupe aux choux dont le roi mangerait. Nous avons encore les œufs de nos poules, et le dimanche nous nous régalons et nous buvons un petit coup de vin. — Oui, mais quand l'année est mauvaise ? — On s'y est attendu et l'on vit doucement de ce qu'on a épargné dans la bonne. — Il y a encore la rigueur du temps, le froid, la pluie, les chaleurs que vous avez à soutenir. — On s'y accoutume, et, si vous saviez quel plaisir on a de venir le soir respirer le frais après un jour d'été ou, l'hiver, se dégourdir

les mains au feu d'une bonne bourrée, entre sa femme et ses enfants !
et puis on soupe de bon appétit, et on se couche, et croyez-vous qu'on se
souvienne du mauvais temps ?... Allez, Monsieur, il y a bien du beau monde
qui ne vit pas aussi content que nous ».

Le cœur d'Alceste nage dans un océan d'allégresse et d'optimisme. Il
soliloque : « O nature, il n'y a que toi de juste ; c'est dans ton inculte
simplicité qu'on trouve la saine raison ». Il reste cependant un petit détail
qui ne laisse pas d'inquiéter l'ex-misanthrope. — Et les impôts ? — Nous
les payons gaîment... — Mais en payant si bien le tribut, ne donnez-vous
pas lieu de vous charger encore ? — Nous en avions peur autrefois, mais,
Dieu merci, le seigneur du lieu nous a ôté cette inquiétude. Il fait l'office
de notre bon roi : il impose, il reçoit lui-même ; et au besoin il fait les
avances... ».

Ce bon peuple, fidèle à son bon roi Louis, a en effet un bon seigneur
formé à l'image de son bon maître. Il s'appelle le comte de Laval, et
c'est d'ailleurs la figure la plus originale du conte de Marmontel. L'écrivain
a dû le composer avec des éléments pris de droite et de gauche. C'est un
réformateur : non seulement il a imaginé de payer en bloc les impôts de
ses vassaux qui les lui remboursent en détail, méthode simplicissime qui
désole les traitants en supprimant les frais supplémentaires, mais il a remplacé
les corvées par le travail des chemineaux auxquels on rembourse en nature
le prix de leurs journées et il a formé une sorte d'embryon d'atelier national
où tous les gens du village, femmes, enfants, vieillards viennent travailler
quand ils n'ont rien de mieux à faire... Vous pensez bien que notre
misanthrope presque réconcilié avec l'humanité n'a pas de cesse qu'il n'ait
fait connaissance avec ce rare échantillon de seigneur du village. Il l'aborde
donc, et même (le détail est joli) le presse assez peu discrètement de faire
commerce d'amitié : « Permettez-moi de vous voir souvent. — Souvent,
cela est difficile, dit le vicomte : je suis fort occupé, et ma fille et moi, nous
avons nos études qui nous laissent peu de loisirs, mais quelquefois, si vous
voulez, nous jouirons du voisinage à notre aise et sans nous gêner, car le
privilège de la campagne c'est de pouvoir être seul quand on veut ».

L'intimité s'établit cependant et il faut qu'elle s'établisse, car le conteur
a voulu que le misanthrope retournât à l'école et qu'il y fût morigéné par
Philinte ou plutôt par Marmontel en personne, car c'est lui qui, sous le
nom de comte de Laval, va laver la tête à l'homme aux rubans verts. Il ne
lui ménagera pas les douches optimistes : « Assurément, l'humeur n'est
bonne à rien. Le beau rôle à jouer pour un homme que de se dépiter
comme un enfant et que d'aller seul, dans un coin, bouder tout le monde !

et pourquoi ? pour les démêlés du cercle où l'on vit ; comme si la nature entière était complice et responsable des torts dont nous sommes blessés... ».

Voilà une déclaration de principes qui ravira toute l'école Capusienne, mais le Philinte rural ne s'arrête pas là ; il entre dans le détail et nous voyons qu'il a un parti pris d'indulgence sans bornes pour tous les travers de l'espèce humaine. Il rabroue Alceste de la bonne façon quand le misanthrope s'avise d'évoquer le souvenir du procès qu'il a perdu, de la coquette qui l'a trahi.

« Il y a bien de quoi se fâcher ! Vous allez choisir entre mille femmes cette étourdie, qui s'amuse et qui vous joue comme de raison ; vous prenez en plus grave cet amour dont elle fait un badinage ; à qui la faute ? Et, quand elle aurait tort, toutes les femmes lui ressemblent-elles ?... Vous avez perdu un procès que vous croyiez juste, mais un plaideur, s'il est de bonne foi, ne croit-il pas toujours avoir la bonne cause ? Êtes-vous seul plus désintéressé, plus infaillible que vos juges ? Et s'ils ont manqué de lumières, sont-ils criminels pour cela ?... A l'égard de la Cour, il y a tant d'intérêts si compliqués et si puissants qui se croisent et se combattent qu'il est naturel que les hommes y soient plus passionnés et plus méchants qu'ailleurs. Mais ni vous ni moi n'avons passé par les grandes épreuves de l'ambition et de l'envie ; et il n'a tenu peut-être qu'à très peu de chose que nous n'ayons été, comme tant d'autres, de faux amis et d'indignes flatteurs. Croyez-moi, monsieur, peu de gens ont le droit de faire la police du monde. »

M. le comte de Laval ne se contente pas de formuler des idées générales — exercice cher aux hommes de son temps. Il administre encore des leçons de choses. Pour corriger deux misanthropes l'un par l'autre il met Alceste aux prises avec un de ses parents, le baron de Blonzac, « franc Gascon, homme d'honneur mais avantageux ». Ce Blonzac, qui a de beaux états de service comme capitaine au service du roi, se plaint non sans raison de l'ingratitude de la cour. Il fait entendre des lamentations qui seraient de mise encore aujourd'hui : « Je ne m'en cache point, dit-il, j'ai pris le monde en aversion. Je voudrais être à deux mille lieues de mon pays et à deux mille ans de mon siècle. C'est le pays des compères et des commères ; c'est le siècle des passe-droits. L'intrigue et la faveur ont fait les parts et n'ont oublié que le mérite. Qui fait sa cour obtient toutes les grâces et qui fait son devoir n'a rien. Moi, par exemple, qui n'ai jamais su que marcher où l'honneur m'appelle et me battre comme un soldat, je suis connu de l'ennemi ; mais au diable si le ministère et la cour savent que j'existe. S'ils entendaient parler de moi, ils me prendraient pour un de

mes aïeux ; et, quand on leur dira qu'un boulet de canon m'aura escamoté
la tête, ils demanderont, je gage, s'il y avait encore des Blonzac. »

Alceste exulte d'avoir enfin trouvé un écho, mais voici que tout à coup
le Gascon fait entendre une autre antienne : « Il faut être juste, dit-il ; tout
ne vient pas aussi mal qu'on le dit. Les récompenses se font un peu
attendre, mais elles viennent avec le temps. Ce n'est pas la faute du
ministre s'il y a plus de services rendus qu'il n'y a de grâces à répandre ; et
dans le fond il y fait ce qu'il peut. » C'est que Blonzac, à la sollicitation
de M. de Laval, vient de recevoir le commandement d'une citadelle ; et
son humeur a changé. En vain le misanthrope lui représente-t-il qu'il est
devenu optimiste par intérêt personnel : « Eh ! monsieur, réplique-t-il,
connaissez-vous quelqu'un qui se passionne pour ce qui ne le touche ni
de près ni de loin ?... Je le croirai quand je verrai quelqu'un s'inquiéter
de ce qui se passe à la Chine ; mais tant qu'on ne s'affligera que du mal
dont on s'en ressent, ou dont on peut se ressentir, je croirai qu'on pense
à soi-même en ayant l'air de s'occuper des autres. »

Le raisonnement est vulgaire et d'essence soldatesque. Il ne laisse
pas cependant de convaincre Alceste... Marmontel avait raison de nous
dire que ce n'est pas un « caractère » ! Le voilà prêt à supporter les
hommes. Il ne reste plus qu'à le réconcilier avec les femmes. Ce sera
l'affaire d'Ursule, la fille de M. de Laval, dont Jean-François, bien inspiré
cette fois, nous trace ce joli portrait :

« Si l'on se peint la délicatesse et l'enchantement personnifiés, on a l'idée
de la beauté d'Ursule. Elle avait dix-huit ans accomplis, et à la fraîcheur, à
la régularité de ses charmes on voyait que la nature venait d'y mettre sa
dernière main. Dans le calme, les lis de son teint dominaient sur les roses,
mais à la plus légère émotion de son âme les roses effaçaient les lis. C'était
peu d'avoir le coloris des fleurs, sa peau en avait la finesse et ce duvet si
doux, si velouté que rien encore n'avait terni... Dans ses yeux, tantôt une
langueur modeste, tantôt une timide sensibilité semblait émaner de son âme
et s'exprimer par ses regards ; tantôt une sévérité noble et imposante avec
douceur en modérait l'éclat touchant ; et l'on y voyait dominer tour à tour
la sévère décence, la craintive pudeur, la vive et tendre volupté.. Rien de
plus simple que sa parure et rien de plus élégant. A la campagne, elle
laissait croître ses cheveux d'un blond cendré de la plus douce teinte, et des
boucles, que l'art ne tenait point captives, flottaient autour de son cou
d'ivoire et se roulaient sur son beau sein ».

Au demeurant, la beauté parfaite... suivant l'idéal de la fin du XVIIIe
siècle. Mais l'Alceste de Marmontel s'inquiète peu de l'anachronisme

J'ai prédit que Cl..... illustreroit la Scène,
Et mon espoir n'a point été déçu :
Elle a couronné Melpomène,
Melpomène lui rend ce qu'elle en a reçu.
GAMACHE.

et le voilà épris de cette incomparable Ursule. Il file le parfait amour ; on le voit d'un assez bon œil malgré son humeur encore un peu chagrine, et du reste il sait le faire valoir : « Un misanthrope, dit-il à Ursule, aime peu le monde ; mais quand il aime, il aime bien. » La jeune fille en convient ; cependant elle ajoute que s'il lui convenait d'agréer la recherche d'un ennemi du genre humain ce serait pour en faire le meilleur ami de la même humanité : « Je ne veux trouver dans un cœur tout à moi ni de l'aigreur ni de l'amertume ; je veux pouvoir lui communiquer la douceur de mon caractère et ce sentiment de bienveillance universelle qui me fait voir les hommes et les choses du côté le plus consolant. Je ne saurais passer une vie à aimer un homme qui passerait la sienne à haïr. » Elle veut aussi que son mari l'amuse et s'amuse : « car si le mariage est une société de peines, il faut que ce soit, en revanche, une société de plaisirs. »

Qu'à cela ne tienne ! Alceste fait amende honorable après une courte résistance de pure forme. Il promet tout ce qu'on voudra, même de battre des entrechats : « Je veux que mon mari soit de tous les soupers, dit Ursule, je veux surtout qu'il y soit aimable.—Animé du désir de vous plaire, il y fera sûrement de son mieux. — Je me propose de fréquenter les spectacles, les promenades. — Hélas ! c'étaient mes seuls plaisirs ; il n'en est point de plus innocents. — Le bal est encore une folie ; je veux que mon mari m'y mène. –- En masque, rien n'est plus aisé. — En masque ou sans masque, tout comme il me plaira. — Vous avez raison ; cela est égal dès qu'on y est avec sa femme. — Je veux plus, je veux qu'il y danse. — Eh ! bien, mademoiselle, j'y danserai, dit Alceste avec transport, en se jetant à ses genoux. — Ma foi, s'écria M. de Laval, il n'y a pas moyen d'y tenir, et, puisqu'il consent à danser au bal, il fera pour toi l'impossible. » — Évidemment, tout devait finir par un rigodon.

Cette historiette ne manque pas de gentillesse. On dirait une gravure en couleurs, d'après Boilly. Mais quand on la respire d'un peu près, si j'ose dire, elle empeste la vulgarité. Et puis elle fait si terriblement, si cruellement contraste avec les réalités prochaines ! Quelques années encore et tous ces joujoux de Nuremberg, toutes ces poupées fragiles, le village modèle, les bons villageois, le bon seigneur, le bon roi, tout cela sera emporté comme un fétu de paille par la tourmente révolutionnaire. Alceste aura voulu braver l'orage ; il sera massacré par les chemineaux qui arboreront la cocarde tricolore, et brûleront le château. M. de Laval et sa fille, envoyés à la ville sous bonne escorte, y feront connaissance avec la Louisette nationale. On confisquera leurs biens qui seront vendus aux enchères et que se partageront avec avidité leurs anciens vassaux. L'optimisme un peu niais du conte moral recevra le plus flagrant démenti que les événements aient jamais infligé à des calembredaines littéraires.

Et pourtant Marmontel était sincère — sincère parce que Marmontel, parce que Philinte. La vie l'avait tellement gâté, dans tous les sens du mot ! Lisez ses mémoires ainsi dédicacés : « C'est pour mes enfants que j'écris l'histoire de ma vie ; leur mère l'a voulu », et dont le premier volume est un recueil d'anecdotes galantes. Ils en valent la peine, ne fût-ce qu'à titre de document humain. Provincial venu à Paris en 1745, à l'âge de 17 ans, et tout de suite accueilli, fêté, hébergé dans tous les cénacles, Jean-François Marmontel fut, au cours de sa jeunesse très prolongée, le type de l'homme à femmes. Pas de porte-collet (il était quasiment abbé et n'en éprouvait aucune gêne) plus furieusement aimé.

Le jour même où il dîna pour la première fois chez Mlle Navarre, l'artiste célèbre, il y élut domicile : « Elle savait mesurer ses attentions et, presque sur la fin du dîner, elle les mesura si bien que personne n'eut à s'en plaindre, mais insensiblement elles se fixèrent sur moi d'une manière si marquée et à la promenade, dans son jardin, elle laissa si clairement apercevoir l'envie d'être seule avec moi que les convives, l'un après l'autre et sans bruit, se retirèrent ».

Voilà des convives bien complaisants et une demoiselle bien pressée ! Et même quand elle trompa Jean-François avec le chevalier de Mirabeau, Mlle Navarre trouva moyen de lui témoigner un reste de violente tendresse.

Elle commença par envoyer au bel amant de la veille l'élu du jour, qui se présenta fort correctement :

— Monsieur, dit-il, je suis votre successeur auprès de Mlle Navarre. Je dois lui rendre ce témoignage qu'elle a pour vous l'estime la plus tendre. J'ai été souvent jaloux moi-même de la façon dont elle parlait de vous et, à mon départ de Bruxelles, ce qu'elle m'a le plus expressément recommandé a été de venir vous voir et de vous demander votre amitié.

Le poète, d'abord interloqué, se tira d'affaire assez galamment : « Puisque je suis sacrifié, c'est pour moi une consolation de l'être à un homme comme vous. Donnez-vous la peine de vous asseoir. Nous parlerons de notre ami, M. de Vauvenargues ; nous parlerons aussi de Mlle Navarre et, de l'un comme de l'autre, je ne vous dirai que du bien ». On causa : le chevalier de Mirabeau rapportait les lettres de Marmontel : le poète sortit d'un tiroir celles de la chère infidèle et le tout flamba dans la même cheminée.

Marmontel n'était pas au bout de ses surprises, car c'est le propre des romans galants de cette époque d'avoir été des pièces à tiroirs, toutes en digressions et en épisodes, ce qui d'ailleurs s'explique assez bien vu l'absence de sentiment sincère ou du moins profond. Quelques jours plus tard, étant

au lit avec un peu de fièvre, il entendit ouvrir les rideaux de son alcôve et
se sentit embrasser par une visiteuse qui le baignait de larmes. Il demanda,
l'œil mi-clos, la voix languissante : « qui êtes-vous ?», sans éprouver d'autre
trouble qu'une tendre surprise ; mais, au lieu de lui répondre, on redoubla
d'embrassements, de soupirs et de pleurs. Enfin il reconnut Mᵉˡˡᵉ Navarre
en déshabillé du matin, plus belle que jamais dans la douleur et dans les
larmes (quel joli motif de vignette : l'Amant surpris ou la Visite de repentir !).
D'ailleurs le poète ne tarda pas à recouvrer ses esprits et, très opportunément,
prit posture dolente d'amoureux mal consolé :

« C'est vous, Mademoiselle, m'écriai-je. Hélas ! qui vous amène ?
Voulez-vous me faire mourir ?... En disant ces mots j'aperçus derrière elle
le chevalier de Mirabeau (... toujours lui ! lui partout !) immobile, muet ;
je crus être dans le délire : mais elle, se tournant vers lui, d'un air tragique :
— Voyez, Monsieur, lui dit-elle, voyez qui je vous sacrifie : l'amant le
plus passionné, le plus fidèle, le plus tendre et le meilleur ami que j'eusse
au monde : voyez en quel état mon amour pour vous l'a réduit et combien
vous seriez coupable si vous vous rendiez jamais indigne d'un tel sacrifice. »

Les bons cabots ! Ceux-là savaient vendre leur boniment, même à la
ville. Le narrateur ajoute, dans ce style mi-parti, à la fois tendre et décla-
matoire, dont il avait le secret, que « le chevalier était pétrifié d'étonnement
et d'admiration ».

Il y avait de quoi. Pourtant cette mise en scène masquait une arrière-
pensée. Marmontel passait pour avoir des relations qui n'étaient pas à
dédaigner. Le couple resta à déjeuner et le consulta sur ses projets d'avenir.

Jean-François avait fait bon visage à mauvaise fortune ; cependant, il
n'était pas homme à laisser sans profit une mésaventure de ce genre, vite
ébruitée par la rumeur des coulisses où le secret de Polichinelle se promenait
déjà entre cour et jardin. Il garda donc de cette première épreuve une
mélancolie affichée qui décida Mᵉˡˡᵉ Clairon, la meilleure amie de la Navarre,
à lui offrir des compensations effectives. Les Mémoires tracent ici les grandes
lignes de la scène de l'amie consolatrice, scène à faire et qui devait être
refaite au XIXᵉ siècle avec d'innombrables variantes inférieures à l'original
au point de vue du parfait naturel dans la fausse ingénuité, ce chef-d'œuvre
de l'art spécial à la société fin ancien régime.

« Mᵉˡˡᵉ Clairon, qui voyait la langueur où j'étais tombé, s'empressa d'y
porter remède. — Mon ami, me dit-elle... (On lui parlait familièrement
comme à un page, c'était le Jehan de Saintré des coulisses) votre cœur
a besoin d'aimer et l'ennui n'en est que le vide. Il faut l'occuper, le

remplir. N'y a-t-il donc qu'une femme au monde qui puisse être agréable
à vos yeux ? » Le gaillard tenait la réplique toute prête, véritable réponse
du berger Watteau à la bergère Lancret : « Je n'en connais, lui dis-je,
qu'une seule qui pût me consoler si elle le voulait bien. Mais serait-elle
assez généreuse pour vouloir ? — C'est ce qu'il faut savoir, reprit-elle
avec un sourire. Est-elle de ma connaissance ? Je vous aiderai si je
puis. — Oui, vous la connaissez et vous pouvez beaucoup sur elle. —
Eh bien ! nommez-la moi. Je parlerai pour vous. Je lui dirai que vous
aimez de bon cœur et de bonne foi, que vous êtes capable de fidélité, de
constance et qu'elle est sûre d'être heureuse en vous aimant. — Vous
croyez donc tout cela de moi ? — Oui, j'en suis persuadée. — Ayez donc
la bonté de vous le dire ? — A moi, mon ami ? — A vous-même. —
Ah ! s'il dépend de moi, vous serez consolé et j'en serai bien glorieuse ! »

On le voit, le dialogue est tout prêt et ne demande qu'une très sobre
adaptation scénique : il a même cette supériorité sur celui de Crébillon fils
de ne réclamer aucune coupure, étant du plus fin marivaudage et de plus
filtré, sans aucune surcharge de maximes tarabiscotées. Quant au décor, on
se le figure sans peine : un coin de loge, à la fin d'une représentation
où la Clairon a été médiocre, étant préoccupée, ce qui a fait dire aux
petites camarades : « On n'imagine pas de jouer avec ce nonchaloir ! »
Jean-François Marmontel étalant sur un coin de divan sa corpulence de
Fortunio râblé, mais corrigeant par de fréquents soupirs cet air de trop
bonne santé ; des échos qui glissent derrière les tentures comme des confi-
dences oubliées ; des habilleuses qui vont et viennent sous leurs bonnets
de fausses dentelles effleurant les paravents garnis de soies passées.

Aimables acteurs, ambiance troublante, vrai décor pour fantaisies liber-
tines. — Cependant la combinaison, la fâcheuse « combinaise » était déjà
en tiers dans les amours du Chérubin rimailleur et de sa nouvelle
conquête. Au plaisir de se venger de Melle Navarre, ressenti par le poète,
qui fut un doucereux sournois, se joignaient des considérations plus pra-
tiques. La Clairon avait fait reprendre une tragédie de Marmontel, versi-
ficateur aussi déplorable que prosateur souvent bien inspiré et elle en
jouait le principal rôle. C'était de quoi ravir l'abbé qui vivait surtout de
l'autel profane, et il veillait amoureusement sur la « déité ». Il prenait
garde à ce qu'elle prit de sérieux réconforts après chaque représentation :
« qu'on s'imagine avec quel plaisir allaient souper ensemble l'actrice et
l'auteur applaudis ! »

L'auteur applaudi — j'entends Jean-François qui se qualifiait ainsi
avec quelque exagération — trouvait encore dans cette passionnette d'in-

Maurice de Saxe Duc de Curlande et de Semigalle
Maréchal de France
Avec Privilège du Roy

terprète adroitement entretenue, une tranquillité favorable à la production de la copie et précieuse pour un écrivain qui n'avait jamais été qu'un demi-professionnel.

« Tant qu'elle aimait, personne n'aimait plus tendrement, plus passionnément qu'elle, ni de meilleure foi. Sûr d'elle comme de moi-même, la tête libre et l'âme en paix, je donnais au travail une partie du jour et l'autre lui était réservée. Charmante je l'avais quittée, et plus charmante je la retrouvais. »

Au demeurant une maîtresse de tout repos pour un homme de lettres actif et même intrigant mais aimant ses aises, ayant eu de bonne heure un programme de journée. Peut-être, cependant, s'en fût-il lassé, mais la Clairon ne lui en laissa pas le temps. Et cela, c'est une autre saynète dont Marmontel lui-même fournit tous les éléments. Elle est délicieuse.

L'actrice avait une amie chez qui on soupait assez souvent et qui paraît avoir exercé une très large hospitalité. Un beau matin, Clairon dit à Jean-François : « Ne venez pas ce soir ; vous seriez mal à l'aise chez notre amie ; le bailli de Fleury doit y souper et il me ramène. — J'en suis connu, dit le poète qui savait fort bien, à l'occasion, singer la candeur provinciale, bien que dégourdi par un long apprentissage dans les « compagnies » de Paris et de Versailles. J'en suis connu ; il voudra bien me ramener aussi. — Non, reprit la Clairon, il n'aura qu'un vis-à-vis. »

Marmontel déclare que ce dernier mot fut un trait de lumière. Il avait mis le temps à y voir clair, mais, en principe, il était de ceux qui préfèrent ne sembler rien voir devant que les chandelles allumées leur brûlent les yeux. Il aurait fait une admirable mère d'actrice. — On s'expliqua. La Clairon, gentiment philosophe, mit un peu de baume sur la blessure : le poète, trouvant peut-être qu'après tout la passade avait assez duré, affecta quelque ironie. L'infante — et sans doute elle-même avait soupé des poètes — répondit par une moue qui en disait long : « Eh ! mon ami, c'est une fantaisie ; il faut me la passer. — Est-il bien vrai ? — Oui, je serai folle quelquefois mais je ne serai jamais fausse. — Je vous en sais gré et je cède la place à M. le Bailli ».

Il n'est pas interdit de croire que la combinaison littéraire jouait un rôle dans la rupture comme elle l'avait joué dans l'accommodement. La Clairon ne voyait plus rien à prendre dans le répertoire de Jean-François et en avait usé tous les effets sur le public.

Marmontel, esprit méthodique sous une apparence de dissipation, s'était créé une spécialité qui lui permettait de ne pas trop s'éparpiller. Il prenait

les laissées pour compte du maréchal de Saxe. Cet homme de guerre qui
était aussi un infatigable coureur de boudoirs, un bourreau de cœurs
doublé d'un bourru romantique, finit par témoigner quelque humeur de ce
glanage dans le camp de Cythère. Il allait, disant dans le monde, à la cour
et au roi lui-même, que « ce petit insolent de poète » lui prenait toutes ses
maitresses, et menaçant de lui couper les oreilles. Ce fut merveille s'il ne
le fit pas bâtonner ou assassiner ; il est vrai que le porte-collet, à force de
se frotter aux gens en place était devenu une manière de personnage dont
la disparition aurait fait quelque bruit.

Le poète s'émut, sans se corriger. « Je n'avais que les femmes que le
maréchal abandonnait », écrit-il doucereusement. C'est exact pour la plupart
des aimées ; pourtant il lui arrivait de s'offrir des compensations préventives
et de compromettre des maîtresses encore en titre, trop sensibles à sa
réputation d'homme à bonnes fortunes. Vainement s'enveloppait-il de
mystère pour ne pas exposer « le nourrisson des Muses aux brutalités de
Mars » ; il était guetté par les petites camarades des petites amies, et des
courriers secrets allaient aviser le guerrier aux quatre coins de l'Europe,
qu'on se moquait de lui dans les alcôves parisiennes.

Le maréchal apprit ainsi, au cours d'une campagne où il était en train
de se couvrir de gloire, que Melle Verrière, une actrice de la Comédie-
Française, le trompait avec l'auteur des *Contes moraux* « et il en prit une
colère peu digne d'un aussi grand homme »... Cette colère eut des suites
fâcheuses, non pour le dos de Marmontel que Maurice de Saxe considérait
décidément comme intangible, mais pour la pensionnaire de la Comédie.
Les cinquante louis que Melle Verrière touchait par mois comme galante
rémunération (ô prix de l'âge d'or !) lui furent supprimés, et le héros, qui
n'entendait plus être ridiculisé, annonça que de sa vie il ne reverrait ni la
mère, ni l'enfant — car il était père, au moins putatif.

Dans ces conjonctures Jean-François montra une belle âme. Il avait en
poche quarante louis, le produit de sa dernière tragédie (bien payée) ; il les
remit généreusement à la délaissée. Mais quarante louis, une fois donnés,
ne faisaient même pas un mois du traitement jadis assuré par le maréchal
de Saxe, et Melle Verrière allait connaître l'horreur des dettes criardes,
lorsque de bonnes amies (la Clairon était du nombre), lui firent connaître le
prince de Turenne. Cette fois encore il se passa une bien jolie scène :
« Le prince, me trouvant un soir dans le foyer de la Comédie-Française,
vint à moi et me dit : Vous êtes cause que le maréchal de Saxe a quitté
Melle Verrière. Voulez-vous me donner votre parole de ne plus la voir ?
Son malheur sera réparé. — Oui, mon prince, je vous la donne, lui répondis-je,
cette parole que vous me demandez. Que Melle Verrière soit heureuse avec
vous ; je consens ne plus la voir ».

N'est-ce pas délicieux et scénique ? Figurez-vous M. Guilhène en Marmontel et M. Paul Mounet en prince de Turenne... Jean-François ajoute qu'il resta fidèle à sa promesse et que Melle Verrière, avec son enfant lui dut une félicité parfaite. C'était à sa manière un amant de tout repos.

Ce Philinte du XVIII° siècle avait d'ailleurs, sinon une moralité foncière (il n'aurait pu la prendre dans la fréquentation de la Clairon ni dans celle de Melle Navarre), du moins quelques restes très appréciables de la « décence » de son ancêtre du grand siècle. Il épousa Éliante un peu tard, mais il finit par l'épouser. En célibataire avisé il s'était ménagé une retraite pour ses vieux jours chez une sœur, Mme Odde, qui l'aimait « plutôt d'un amour filial que d'une amitié fraternelle » ; il vivait en cordiale intimité avec son beau-frère qui avait une charge d'un bon rapport. « Ma petite fortune, ajoutée à la sienne, écrit-il, nous aurait fait vivre dans une honnête aisance. Ainsi, lorsque le monde et moi nous aurions été las, ennuyés l'un de l'autre, ma vieillesse avait un asile honorable et plein de douceur ».

La mort de Mme Odde et de ses enfants, le départ pour la province du sieur Odde « abandonnant une ville où il ne voyait plus que des tombeaux » mirent à néant ce beau projet, au moment précis où Jean-François atteignait l'âge critique de cinquante-quatre ans. Ce n'était plus le beau Marmontel, chéri des femmes de théâtre, il avait singulièrement épaissi ; il annonçait déjà la caricature de l'épigramme Gluckiste :

> Ce Marmontel si long, si lent, si lourd
> Qui ne parle pas mais qui beugle,
> Juge la peinture en aveugle
> Et la musique comme un sourd...

mais sa situation littéraire était considérable : « M. Marmontel, historiographe de France, l'un des quarante ». Il avait fait de sérieuses économies : « je n'étais pas riche, écrit-il, mais cent trente mille francs, solidement placés, étaient le fruit de mes épargnes » — nous voilà loin des cinquante louis généreusement abandonnés à l'amie imprudemment compromise. C'eût été un parti très présentable pour une veuve arriviste voulant se créer de belles relations. Mais il trouva mieux : une jeune personne de dix-huit ans, Melle de Montigny, nièce de son plus intime ami, l'abbé Morellet.

Il n'eut même pas à demander sa main ; on vint la lui offrir et un futur cardinal se chargea du message : « Un matin, l'un de mes amis et des

amis de Morellet, l'abbé Maury, vint me voir et me dit : — Voulez-vous
que je vous apprenne une nouvelle ? Melle de Montigny se marie. — Elle se
marie ? avec qui ? — Avec vous. — Avec moi ? — Oui, avec vous-même.
— Vous êtes fou, ou vous rêvez ? — Je ne rêve point et ce n'est point une
folie ; c'est une chose très sensée, et dont aucun de vos amis ne doute.
— A mon âge ! — Bon ! à votre âge ! Vous êtes jeune encore et plein de
santé ! ».

Malgré les assurances de l'abbé Maury, le cadeau n'était pas sans danger
pour un quinquagénaire très révolu. Mais la Providence entendait gâter
Philinte jusqu'au bout, au moins dans le domaine des sentiments affectifs, sans
doute pour bien consolider son optimisme. Il épousa Melle de Montigny, et
ils furent heureux, et ils eurent beaucoup d'enfants, et grâce à cette
compagne très sûre il ne connut pas la détresse au moment où la ruine vint
s'appesantir sur tous les professionnels des carrières libérales. Un jour
Jean-François se vit réduit — à peu près comme tout le monde — à la
portion congrue ; on supprima ce qu'il appelait « mes places littéraires » et
tout d'abord l'Académie française dont il était devenu secrétaire perpétuel ;
ses pensions disparaissaient en même temps. Heureusement Mme Marmontel
avait pris soin, à l'époque des prospérités, de lui faire acheter « un petit
bien » dans le voisinage d'Évreux ; il devint rural et s'en accommoda ; il
vécut à l'abri de l'orage « ne s'occupant plus que de l'éducation de ses
enfants, de quelques travaux littéraires pour leur instruction et de quelques
parties d'histoire ».

Quand il s'aventura hors de cette retraite en 1797 et revint à Paris
comme député de l'Eure au Conseil des anciens, la tempête semblait passée...
Ce n'était qu'une « bonnasse » comme aurait dit Corneille, et Jean-François
s'était jeté dans la gueule du loup. Fructidor imminait... Mais voyez
comme la Providence s'obstinait en faveur de Philinte !... Il fut un des
rares membres du Conseil qu'on ne songea pas à fructidoriser. A vrai
dire le rat de ville avait décampé dès la première alerte pour redevenir rat
des champs.

Ayant si agréablement vécu, il ne lui restait plus qu'à mourir. C'est ce
qu'il fit de la façon la moins pénible, semble-t-il, car la nature lui épargna
les affres d'une longue maladie. « Aux derniers jours de l'année 1799, il
fut frappé d'apoplexie, comme il se disposait à aller passer quelques
semaines à Rouen. Malgré les soins de son épouse et les secours de l'art,
il ne put recouvrer la parole et parut avoir aussi perdu la connaissance.
Il est mort le 31 décembre ».

Ainsi mourut Jean-François, en cultivant son jardin, comme Candide
(... c'est encore dans son jardin qu'il repose). Et nous qui sommes sa
dernière postérité, car, quelques années encore et toutes ces demi-gloires

Hippolyte de la Tude Clairon

auront sombré dans l'oubli, nous serions tentés de dire qu'il fut presque trop heureux, s'il n'apparaissait clairement qu'il a, plus d'une fois en sa vie, payé ce bonheur insolent. Si émancipé que fût l'homme de lettres dans la seconde moitié du XVIII° siècle, il était souvent rudoyé, ou tout au moins remisé à l'arrière-plan par l'homme de cour. D'ailleurs, au point de vue sentimental, celui-ci l'emportait « auprès des filles » par des grâces, naturelles ou acquises, étrangères à l'écrivain en qui il restait toujours un peu de Trissotin ou de Vadius. Rien de plus curieux à cet égard que ce joli portrait du comte de Blainzé choisi comme archétype du conquérant irrésistible dans le conte moral de *l'Heureux divorce*.

« C'était l'homme de cour le plus redoutable pour une jeune femme. Il était décidé qu'on ne pouvait lui résister, et l'on s'en épargnait la peine. Il était beau comme le jour, se présentait avec grâce, parlait peu, mais très bien ; et, s'il disait des choses communes, il les rendait intéressantes par le son de voix le plus flatteur et le plus beau regard du monde. On n'osait dire que Blainzé fut un fat, tant sa fatuité avait de noblesse. Une hauteur modeste formait son caractère ; il décidait de l'air du monde le plus doux et du ton le plus laconique ; il écoutait les contradictions avec bonté, n'y répondait que par un sourire ; et, si on le pressait de s'expliquer, il souriait encore et gardait le silence, ou répétait ce qu'il avait dit. Jamais il n'avait combattu l'avis d'un autre, jamais il n'avait pris la peine de rendre raison du sien ; c'était la politesse la plus attentive et la présomption la plus décidée qu'on eut encore vues réunies dans un jeune homme de qualité. Cette assurance avait quelque chose d'important qui le rendait l'oracle du goût et le législateur de la mode. On n'était sûr d'avoir bien choisi le dessin d'un habit ou la couleur d'une voiture qu'après que Blainzé avait applaudi d'un coup d'œil. *Il est bien, elle est bien !* étaient dans sa bouche des mots précieux et son silence un arrêt accablant. Le despotisme de son opinion s'étendait jusque sur la beauté, les talents, l'esprit et les grâces. Dans un cercle de femmes, celle qu'il avait honorée d'une attention particulière était à la mode dès ce même instant.

» Sa parure était un modèle de goût, tous les jeunes gens qui l'environnaient l'étudiaient avec une attention scrupuleuse. Ses dentelles, sa broderie, sa coiffure, on examinait tout ; on écrivait les noms de ses marchands et de ses ouvriers. Cela est singulier, disait-on, je ne vois ces dessins, ces couleurs qu'à lui. Blainzé avouait modestement qu'il lui en coûtait peu de soin. L'industrie, disait-il, est au plus haut point ; il n'y a qu'à l'éclairer et à la conduire. On lui demandait le prix de tout ; il répondait, en souriant, qu'il ne savait le prix de rien, et les femmes se disaient à l'oreille le nom de celle qui était chargée de ces détails ».

La sournoise rancune qui enfielle ce portrait et l'allusion singulièrement
« rosse » qui la termine (vers 1770 il commençait à devenir presque déshonorant, même pour un homme de cour, d'être... subventionné par les
femmes) montrent par combien de Blainzés — l'espèce pullulait — dut être
supplanté et doucement berné ce freluquet de poète aux poches toujours
bourrées de manuscrits. Mais le Philinte limousin devait payer son bonheur d'une façon plus continue au moyen d'une autre rançon : l'incroyable
médiocrité des sentiments. Jean-François Marmontel, historiographe de
France, l'un des Quarante, apparaît, quand on considère l'ensemble panora-
mique de son existence, comme une des moindres grandes âmes d'un grand
siècle. Eh ! quoi, avoir été le filleul des fées, avoir reçu en partage une
faculté d'observation rarement en défaut, une extrême finesse, une prodi-
gieuse facilité d'assimilation, un art de dire qui donne parfois l'illusion du
style, avoir été le commensal de Voltaire, le confident de Diderot, l'intime
de d'Alembert, avoir vu le magnifique épanouissement de l'esprit humain,
l'effort généreux des encyclopédistes, les vaillantes campagnes du défen-
seur de Calas et n'avoir attaché son nom à aucune revendication digne de
mémoire !... Il est vrai que dans *Bélisaire*, censuré par la Sorbonne, il a
flétri l'intolérance. Mais il était de mèche, comme nous dirions aujourd'hui,
avec ses censeurs et même avec les dignitaires ecclésiastiques qui avaient
alors la garde du traditionalisme autoritaire. Je n'en veux pour preuve que
la page des *Mémoires* où il raconte son entretien, peu après cette fameuse
censure, aux eaux d'Aix-la-Chapelle, avec « Broglie, évêque de Noyon, et
Marbœuf, évêque d'Autun ». C'est, du reste, un passage délicieux, car on
y voit des Philintes religieux, tout prêts aux concessions et ne défendant
que la lettre des textes dont ils ignorent l'esprit, contre un Philinte laïcisé
de qui l'opportunisme libéral est un peu en avance.

« Mais de quoi se mêlent les philosophes, me dit l'évêque d'Autun, de
parler de théologie ? — De quoi se mêlent les théologiens, lui répondis-je,
de tyranniser les esprits et d'exciter les princes à employer la force pour
violenter la croyance ? Les princes sont-ils juges sur l'article de la doctrine
et sur les objets de la foi ? — Non, certes, me dit-il, les princes n'en sont
pas les juges. — Et vous en faites les bourreaux ! — Je ne sais pas, reprit-il,
pourquoi on accuse aujourd'hui les théologiens d'un genre de persécution
qui ne s'exerce plus. Jamais l'Église n'a mis tant de modération dans
l'exercice de sa puissance. — Il est vrai, Monseigneur, lui dis-je, qu'elle
en use plus sobrement, et, pour la conserver, elle l'a tempérée. — Pourquoi
donc prendre, insista-t-il, ce temps là même pour l'attaquer ? — Parce qu'on
n'écrit pas seulement, répondis-je, pour le moment où l'on écrit, qu'il est à

craindre que l'avenir ne ressemble au passé et qu'on prend le moment où
les eaux sont basses pour travailler aux digues. — Ah ! les digues, ce sont,
dit-il, les prétendus philosophes qui les renversent, et ils ne tendent pas à
moins qu'à renverser la religion ! — Qu'on lui laisse son caractère, à cette
religion charitable, bienfaisante et paisible ; j'ose assurer, lui répliquai-je,
que l'incrédule même n'osera l'attaquer et que l'impie se taira devant elle.
Ce ne sont ni ses dogmes purs, ni sa morale, ni même ses mystères qui lui
suscitent des ennemis. Ce sont les opinions violentes et fanatiques dont une
théologie arbitraire a mêlé sa doctrine, c'est ce qui soulève une foule de
bons esprits. Qu'on la dégage de ce mélange, qu'on la ramène à sa sainteté
primitive ; alors ceux qui l'attaqueront seront les ennemis publics des
malheureux qu'elle console, des opprimés qu'elle relève et des faibles qu'elle
soutient ! — Vous avez beau dire, reprit l'évêque, sa doctrine est constante,
l'édifice en est cimenté et nous ne souffrirons jamais qu'une seule pierre en
soit détachée ». Je lui fis observer que l'art des mines était porté fort loin,
qu'avec un peu de poudre on renversait, de fond en comble, des tours bien
hautes, bien solides et que l'on brisait même les rochers les plus durs.
« Me préserve le ciel, ajoutai-je, de souhaiter que ce présage s'accomplisse !
J'aime sincèrement, je révère du fond du cœur cette religion consolante ;
mais, si jamais elle meurt parmi nous, le fanatisme théologique en sera seul
la cause ; ce sera lui qui, de sa main, lui aura porté le coup mortel. » —
Alors, s'éloignant de moi, et parlant à voix basse à l'évêque de Noyon, je
crus entendre qu'il lui disait : *Cela durera plus que nous*. Il se trompait ».

On le voit, les deux scepticismes étaient bien près de s'entendre et
Marmontel s'offrait la vaine gloire d'enfoncer des portes plus qu'entr'ou-
vertes. Quant à la prophétie de l'évêque d'Autun, elle allait, en effet, être
démentie par les événements. Le grand chambardement du trône et de
l'autel se préparait dans la coulisse, mais cette période révolutionnaire à
laquelle Marmontel devait survivre, car il n'est mort qu'en 1799, il
semble bien que, si l'ancien benjamin des filles d'Opéra l'a traversée sain
et sauf, c'est parce qu'il n'y a rien compris. Il en parle avec une extraordinaire puérilité d'impressions. Il n'y voit qu'un « violent et funeste
songe ». Pour lui, les nouvelles institutions, le nouveau code ne sont que
l'obscur travail de factieux :

« On parut concevoir le vaste, l'infernal projet de dépraver le peuple
en masse, d'associer les vices et les crimes (?), de propager de mauvaises
mœurs par de mauvaises lois et de réaliser, dans la corruption générale,
tout ce qu'on attribue aux ténébreux génies du genre humain. Les opinions
religieuses, la croyance en un Dieu, la pensée d'un avenir, pouvaient rete-

nir l'homme sur la pente du crime ; l'autorité des pères pouvait réprimer les enfants ; la morale, par les principes d'humanité, d'équité, de pudeur, pouvait régénérer des races corrompues. Le projet de dépravation fut poussé sous tous ces rapports (*sic*). Nous entendîmes proclamer l'incrédulité, le blasphème ; nous vîmes le libertinage affecter le mépris d'un Dieu ; le sacrilège insulter les autels et le crime s'enorgueillir de l'espérance du néant ; nous vîmes rompre tous les nœuds de subordination formés par la nature ; les enfants, rendus par les lois indépendants des pères, n'eurent qu'à souhaiter leur mort pour être sûrs, sans leur aveu et en dépit de leur volonté, de se partager leur dépouille. Le nœud conjugal était encore un moyen de perpétuer les vertus domestiques et de tenir liés ensemble les époux l'un à l'autre et avec leurs enfants : on rendit ce lien fragile à volonté ; le mariage ne fut plus qu'une institution légale... On proposa, on érigea en maximes de mœurs républicaines l'impudence du vice, l'audace de la honte, l'émulation de la licence ».

Que de non-sens et quel galimatias ! D'ailleurs, Marmontel se garda bien d'élever la voix à ce diapason pendant la tourmente. Prudemment il se terra. Alceste y aurait laissé sa tête. Philinte n'y laissa que ses pensions.

TABLE DES MATIÈRES

IMPRIMERIE LEFEBVRE-DUCROCQ

88, rue de Tournai

LILLE